KB212508

# 실패는 나침반이다

50대 개발자의 실리콘밸리 회고록

# 실패는 나침반이다

### 50대 개발자의
### 실리콘밸리 회고록

한기용 지음

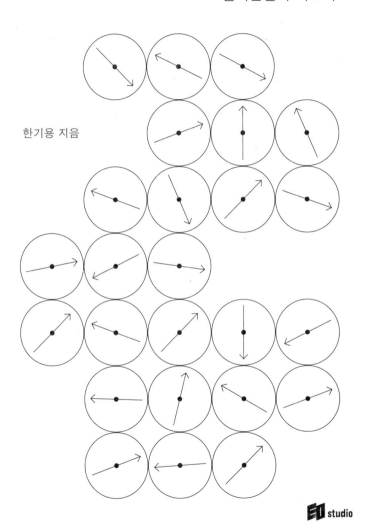

50 studio

## 프롤로그: 그때 이랬다면 어땠을까

고민이 너무 많거나 아무 생각이 없거나. 극과 극을 달리며 삶의 방향성을 잘 잡지 못 했던, 젊은 날의 나 자신을 돌아보며 이 책을 쓰기 시작했다.

2000년 무렵, 30대 초반에 실리콘밸리로 넘어왔다. 16년 정도 열심히 일했다. 다양한 경험을 하고 보니 어느덧 40대 중반을 넘어섰다. 조금은 여유가 생긴 나 자신과 마주할 수 있었다. 그전까지는 먹고 사느라, 애들 키우느라, 스스로 성장하느라 바빴다. 회사 동료들과 일부 지인들 이 외에는 타인과 교류하는 일이 적었다. 그러다가 2016년부터 실리콘밸리의 여러 모임을 통해 내 이야기를 공유하면서 자연스레, 소위 말하는 '멘토링'을 실리콘밸리에 거주하는 한인들 위주로 시작했다.

많은 분들과 커리어 고민을 이야기 나눴다. 그러다 보니 자연스럽게 내 경험을 들려주거나 그걸 바탕으로 질문을 건네는 식으로 타인의 성장을 돕게 됐다. 사실 그들에게 공유했던 내 경험, 결정적인 질문들은 과거의 나 자신에게 해주고 싶은 이야기였다. '그때 이랬다면 어땠을까' '그렇게 하지 않았다면 어땠을까.' 지켜야 할 것과 버려야 할 것을 알지 못 한 채 막막해하던 젊은 시절의 나를 떠올리며 일과 삶에 대해 함께 고민하고 조언을 아끼지 않았다.

2020년 코로나19로 인해 팬데믹이 시작됐다. 외부활동이 줄면서 소일거리를 찾다가 소셜미디어에 글을 올리기 시작했다. 내 커리어 이야기와 경험을 하나씩 정리하며 올리다 보니 이를 통해 한국에 계신 분들을 포함해 더 많은 이들과 연결됐다. 일과 삶에 관한 고민을 공유할 수 있는 기회들이 생겼다. 지역에 상관없이, 시대와 무관하게 궁극적으로 커리어에 대해 서로 갖고 있는 고민들이 크게 다르지 않다는 점을 깨달았다.

기나긴 인생에 누구나 몇 천번씩 흔들린다. 나보다 잘 나가는 사람들과 자신을 비교하며 조급해하는 모습, 아직 젊은 나이임에도 불구하고 '늦었다'고 생각하며 (사실 안전하지 않은데) 안전해 보이는 선택을 하는 모습, 미래에 대한 불안감 탓에 현재에 집중하지 못하는 모습, 오지도 않은 미래를 걱정하느라 정작 '나'를 등한시 하는 모습 등등. 내게도 있었던, 나와 고민을 나눈 사람들에게도 있었던, 어쩌면 이 책을 읽고 있는 이들에게도 있을 경험들이다.

내 인생을 사는 주체는 결국 나다. 나답게 사는 것이 후회없는 커리어를 만들어 가는 정답이다. 진부하게 들리려나. 허나 이 단순한 진리를 깨닫고 실천하기까지 내 인생의 43년, 생애 전반전이 걸렸다. 머리로만 '내 인생을 살아야 한다'고 여기는 게 아니라 진실로 이를 중대한 사안으로 받아들이면서 '어떻게 살 것인가' 고민하는, 나름의 실행 방안을 세워 목표를 이루는 지금의 일상을 얻기까지 더 많은 시간이 필요했다. 이 책은 앞으로, 혹시라도 비슷한 고충을 갖고 안개 속을 헤매고 있을 분들에게 조금이라도 도움이 되길 바라며 썼다.

특히나 이 책은 20대 중반의 나에게 들려주고 싶은 내용들을 담았다. 20대로 다시 돌아간다면 이렇게 살겠다. 내 커리어의 주인은 남이 아닌 바로 나다. 남의 이목이나 만족이 아니라 내가 내 일과 삶의 중심이 돼야 한다. 그 과정에서 크고 작은 어려움이 있겠지만, 때로는 실패해도 내가 원하는 선택을 하고 싶다. 그래도 된다. 밑으로 떨어지는 경험을 해봐야 감사하는 마음으로 다시 올라갈 힘이 생긴다. 인간 관계는 수단이 아닌 목적이어야 한다고, 실패는 나침반이라고 나 자신에게 전해주고 싶다.

희망은 있다. 50대 중반인 지금도 늦지 않았다. 내 속도(페이스)로 내 커리어를 이어가면 그만이다. 커리어는 생각보다 길다. 한 방에 해결될 수 없다. 그렇기에 오히려 즐거운 마음으로 어떤 새로운 도전을, 나다운 삶을 이어갈지 궁리하는 요즘이다. 누구나 지금 시작할 수 있다. 50대가 된 내가 20대 중반의 나를 떠올리며 이 책을 쓰는 것처럼 앞으로 여생을 어떻게 살지, 미래의 나를 생각한다. 젊었을 때보다 앞으로의 삶을 더 기대하며 지침을 만들어 보려 한다.

먼저 종이 책 출판을 제안해준 이오스튜디오의 김태용 대표님께 감사의 마음을 전하고 싶다. 출판을 주저하고 있었는데 여러모로 생각이 맞아 기쁜 마음으로 시작했다. 또한 일당백 편집자 김지윤 님의 도움이 없었더라면 이 책을 만들기까지 훨씬 오래 걸렸을 것이다. 내용 또한 정리되지 못 했으리라 믿으며 역시 감사의 마음을 전한다. 또한 책 내용을 정리하는 데 알게 모르게 큰 도움이 된 많은 지인들에게도 감사함을 나누고자 한다.

마지막으로, 항상 힘과 의지가 되는 아내이자 절친 미숙과 두 아이 소영이와 승민이, 그리고 오줌싸개 반려견 쿠키에게 고맙고 사랑한다는 말을 전한다. 내가 위로 올라갈 때도, 아래로 내려갈 때도 이들은 늘 내 곁을 지켰다. 그러면서 장기적으로 일과 삶의 고락을 자연스럽게 받아들일 수 있었다. 함께 헤쳐온 수십 년의 세월이 무엇을 지켜야 하고, 버려야 하는지 결단하는 길라잡이가 돼 줬다. 이 책을 읽는 이들에게도 나다운 삶의 리더십을 회복하는 기회가 생기길 바란다.

2024년 1월 18일

한기용

# 차례

# 1장

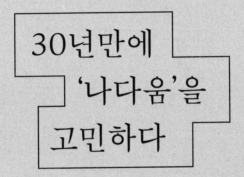

30년만에
'나다움'을
고민하다

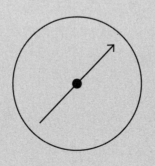

## '삼성맨'이 미국서 13개 회사를 다니기까지

내 커리어의 시작은 삼성전자였다. 컴퓨터 공학으로 학사, 석사를 마치고 병역특례로 삼성전자에 입사했다. 대기업이니 안전할 것이라고, 전문성을 쌓으며 오래 다닐 수 있을 것이라고 단순하게 생각했다. 그 때만 해도 삼성전자를 퇴사하고 미국으로 넘어가서 13개의 회사를 다니며 다양한 경험을 하리라고는 전혀 상상하지 못했다.

### 1.대기업에서 전문성을 쌓자

삼성전자는 5년 다녔다. 회사 생활 자체는 재미있었다. 하지만 기업과 관공서를 위한 B2B(기업 대상) 솔루션 제품을 만든다는 점은 내게 전혀 흥미롭지 않았다. 시간이 차면 승진을 하는 구조에서는 승진과 성

과 간에 괴리가 있다는 걸 깨달았다. 마지막 3년은 군
대에 있다는 심정으로 억지로 출근을 했다.

그래도 첫 회사에서 좋은 경험을 많이 쌓았다. 내
절친이자 평생의 동반자인 와이프를 입사 동기로 만
났다. 매니저를 포함한 팀원들과 사이좋게 일했다.
주말과 평일 밤 늦게까지 항상 일했던 경험이 알게
모르게 실리콘밸리에 적응하는 데도 도움이 됐다. 무
엇보다 삼성전자에서 일하는 동안 IMF(1997년 외환위
기 사태)가 터지면서 '평생직장'이란 개념이 깨지는 걸
직접 목격했다. 그렇다 보니 대기업에 가서 전문성을
쌓아 안전하게 일한다는 명제가 아무 의미가 없는 세
상이 되었구나 체감했다.

## 2. 한국에 남을까, 미국에 갈까?

삼성전자에서 병역이 끝나는 무렵 여러 진로를 탐색
했다. 지금은 고인이 된 김정주 넥슨 회장님과 연이
닿아 넥슨에 게임 클라이언트 개발팀장으로 가기로
했다.

헌데 그때 마침 대학 과 동기로 스탠퍼드 대학에

유학을 갔던 친구로부터 연락이 왔다. 대학을 졸업하고 '마이사이몬'(MySimon)이라는 벤처를 창업한 친구는 그 회사를 1999년에 CNET이라는 미국 기업에 7억 달러(한화 9천억 원)에 매각했다. 이후 '와이즈 넛'(Wisenut)이라는 검색엔진 스타트업을 설립하면서 "함께 일하자"고 내게 제안했다. 갑자기 선택지가 두 개로 늘어난 것이다.

아내와 상의한 결과 미국행을 택했다. '지금 아니면 우리가 또 언제 실리콘밸리에 가서 살아 볼 수 있겠나' 하는 생각이 들었다. 하지만 인생은 한 치 앞을 알 수 없는 법. 와이즈넛은 구글을 벤치마킹해서 마이크로소프트 운영체제 위에 검색엔진을 만들던 회사였는데, 시리즈 B 단계의 투자를 유치해야 할 시점에 9·11 테러가 터졌다. 투자 시장이 완전히 얼었다. 결국 와이즈넛은 '룩스마트'(Looksmart)라는 회사에 헐값에 매각됐다. 당시 1년 8개월간 밤낮, 주말 없이 일하고서 내 손에 쥐어진 돈은 겨우 5천불(한화 630만 원) 정도였다.

## 3. 스타트업 창업에 도전하다

매각된 회사를 따라가는 옵션도 있었다. 하지만 와이즈넛에서 만난 3명의 동료와 함께 공동 창업을 했다. 미국 금융감독원(SEC)에 게재되는 상장 기업의 다양한 정보를 검색하는 서비스를 만들어 '인베리토'(Inverito)라고 명명했다. 회사의 미션 혹은 비전보다는 기술적인 관점에서 다른 경쟁 서비스보다 훨씬 좋은 서비스를 만들 수 있다는 자신감을 바탕으로 사업을 시작했다.

돌이켜보면 우리는 크게 2가지를 간과했다. 첫 번째는 시장 크기의 중요성이었다. 두 번째는 공동 창업자간의 관계였다. 전자의 경우 우리가 목표로 삼았던 시장의 크기가 너무 작은데다 성장을 하지도 않는다는 걸 뒤늦게 알았다. 후자의 경우, 공동 창업자간 관계가 건강해야 사업을 오래하며 운을 얻을 수 있는데, 네 사람 사이가 그렇게까지 원만하진 않았다. 물론 같이 일했기 때문에 어느 정도 합을 맞췄던 사이였다. 허나 직장 동료라는 관계는 데이트에 가까웠다. 공동창업은 결혼한 부부의 관계에 준했다.

한 차례 사업 아이템을 바꾸는 '피봇'을 거치면서 주식 내부거래 관련 정보를 보여주는 서비스를 만들었다. 어느 정도 성공도 거두었다. 그럼에도 결국 회사를 정리하고 나왔다. 와이즈넛을 인수했던 룩스마트로 돌아가는 선택을 했다. 이 때 첫 아이도 태어나고, 여러모로 쉽지 않은 시기였다. 창업의 결과는 안 좋았지만, 해보고 싶었던 창업을 시도했기에 후회는 없었다. 이때 좌충우돌했던 경험이 나중에 큰 힘이 됐다.

## 4. 실패 끝에 야후에 입사하다

룩스마트로 돌아간 지 6개월만에 회사에서 검색 서비스를 정리한다고 알려왔다. 말인즉슨 내 살 길을 알아서 찾아야 한다는 의미였다. 그때부터 여러 회사와 면접을 보기 시작했다. 최종적으로 야후 검색엔진 개발팀에서 합류 제안을 줬고, 야후에서 시니어 개발자로 커리어를 시작했다.

야후는 생각보다 오래 다녔다. 7년간 몸 담갔다. 전반기(4년가량)에는 좋은 매니저들과 동료들을 만나서

눈에 띄는 성과를 내고 인정받았다. 개발자에서 디렉터로 승진도 해보고, 경제적으로도 어느 정도 안정을 찾는 긍정적인 경험을 했다. 하지만 후반기(3년)에는 시장에서 야후가 구글에 밀리면서 회사 내부가 정치적으로 변해갔다. 성장을 못하는 회사에서 내가 크려면 남의 일을 빼앗아오는 수밖에 없었던 걸까. 공동의 성장이 아닌 나만의 이득을 챙기는 분위기가 생겼다. 회의를 하면 최선의 결정을 내리기보단 각자 자기에게 유리한 상황을 만드는 데 혈안이 됐다.

　이건 아니다 싶으면서도 억지로 다녔다. 어쨌든 돈을 벌어야 했으니까. 하지만 하루 종일 무의미한 미팅만 참석하면서 시간을 보내고 있다는 인상을 지울 수 없었다. 삼성전자 다닐 때는 막판에 (월요일 아침에 특히 피곤하다는) '월요병'이 있었는데, 야후에서는 그보다 발전한 '일요병'이 생겼다. 일요일 아침부터 월요일 출근할 생각에 가슴이 답답해지는, 그런 증상이었다.

## 5.처음으로 안식년을 맞이하다

결국 야후를 그만두고 '헤일리오'(Haileo)라는 작은 회사에 엔지니어링 책임자로 옮겼으나, 그 회사가 다음 단계 투자 유치에 실패하면서 입사 8개월 만에 정리해고 모드에 들어갔다. 2011년 12월 31일 자로 그 회사를 그만뒀다. '1년 놀겠다'고 선언했던 것도 그 무렵이었다. 열 살이었던 딸이 "나 대학은 갈 수 있어?"라고 물었던 기억이 난다. (지금은 그 아이가 대학교 4학년 학생이다.)

야후 후반기부터 이 시점까지 과정이 험난했다. 갑자기 혼란스러웠다. 17년간 이어온 내 커리어에 대한 방향성부터 나라는 사람의 정체성, 지금 미국에서 살게 된 경위 등등 모든 것이 의문투성이였다. 그래서 아내에게 양해를 구하고 별다른 계획 없이 1년을 쉬기로 했던 것이다. 내 꿈이 무엇인지 알고 싶다는 것, 그 외에 구체적인 목표는 없었다. 그렇게 20여년 만에 내 인생 첫 안식년을 맞이했다. 만 42살에서 43살로 넘어가는 시점이었다. 중년의 위기라면 위기였다.

## 중년의 위기, 오히려 좋다

17년간 쉬지 않고 일하다가 처음으로 '휴식'이라는 결정을 내렸다. 결코 쉬운 결정은 아니었다. 아이가 둘이나 있는 상황에서 안식년을 보내는 게 맞는 걸까. 무책임한 것 같다고도 느꼈다. 나중에 다시 직장을 잡을 수 있을지 불안하기도 했다. 무엇을 하면서 시간을 보내야 하는지 낯설고 어색한, 그야말로 혼돈의 도가니였다. 그러나 돌이켜보면 '처음 쉬기로 한 결정'이 내가 커리어에 관해 했던 가장 잘한 결정 중 하나가 됐다.

처음으로 11개월을 "대충" 살았다. 여러가지 깨달음이 있었다. 첫 번째 깨달음은 그동안 내가 내 삶을 살지 않았다는 사실이었다. 40대에 '중년 아닌 중년의 위기'가 닥친 가장 큰 이유도 그 때문이지 않을까 가늠한다. 한국에서 자라고 교육을 받으면서 별 고민 없이 부모님, 선생님께서 하라는 대로 그냥 살아왔기 때문에 갑작스레 혼란스러웠던 게 아닐까.

되새겨 보니 수십년을 '범생이'로 살아왔다. 중고

등학교 때는 부모님, 선생님 말씀 잘 듣는 모범생으로 공부만 열심히 했다. 대학 진학할 때도 컴퓨터 공학이 '뜨는 분야'라고 해서 선택했다. 학사를 마칠 무렵 친한 과 친구들이 석사 진학을 하길래 별 생각없이 따라갔다. 졸업할 때쯤 삼성전자에서 산업기능요원으로 병역을 대신할 기회가 생겨 (다시 한 번 더) 별 고민없이 삼성전자에서 커리어를 시작했다.

미국으로 올 때부터는 온전히 내 의지로 커리어를 결정하기 시작한 셈인데, 범생이 기질은 남아있었다. 야후 재직 시절에도 나 자신을 남과 비교하는 버릇은 여전했다. 디렉터라는 알량한 타이틀, 남들의 시선과 연봉에 연연해 외부 기회들을 놓치기도 했다.

'쉬어야겠다'는 결단을 내리기까지 일년 남짓이 걸렸다. 장고 끝에 '어떡해서든 되겠지' '1년 놀면 내가 누구인지, 앞으로 무엇을 할지 빛이 보이겠지' 짐작했을 따름이다. 처음 3달 동안 정말로 아무 것도 안 했다. 상당히 불안했다. 불편하게 놀았다. 그러나 조직을 책임지지 않아도 된다는 것, 하루 종일 미팅에 치이지 않아도 된다는 것만으로도 충분히 행복했다.

무엇보다 가족들과 더 많은 시간을 보내는 회복의 시기였다.

안식년 4달째에 들어서니 내가 놀고 있다(!)는 소문이 나기 시작했다. 함께 일했던 동료, 지인들의 연락을 받았다. 컨설팅 기회가 생겼다. 평판의 중요성을 알 수 있었던 값진 경험이었다. 여기에 두 번째 깨달음이 있다. (2장에서 더 이야기하겠지만) 평판이란 그동안 내가 어떻게 결과를 내며 팀 협업을 해왔는지 알수 있는 척도다. 평판이 좋다면 안식년을 단순히 쉬는 기간이 아니라 내가 생각하지 못했던 기회를 잡는 계기로 삼을 수 있다. 덕분에 컨설팅으로 내가 맡은 일을 완수하면서 '살아있다'는 감각을 되찾았다.

특히 안식년은 나도 모르게 갖고 있던 상처들을 인지하는 시간이었다. 야후에서 디렉터라는 타이틀을 달면서 알량한 자존심이 생겼다. 그게 스스로 변화하는 걸 저해했다는 걸 알게 됐다. 변화하려면 내가 가진 걸 하나라도 내려놓아야 하는데, 과거의 나는 무엇 하나도 버릴 생각이 없었다. 애초에 하나를 내려놓으면서 새로운 기회, 배움과 맞교환 한다고 생각해야 마땅했다. 허나 그러지 못했다. 이게 안식년이 내게 준 세 번째 깨달음이다.

'내가 그동안 남과 비교하며 나의 부족한 부분을 더 봤구나. 알고 보니 나라는 놈 괜찮구나.' 이 포인트가 11개월 쉬면서 얻은 가장 큰 깨달음이라 요약할 수 있겠다. 그래서 처음에 의도했던 것과는 전혀 다른 결론에 도달했다. "앞으로는 남의 눈치 보면서 살지 않겠다"고 다짐했다. 정확하게는, 나의 부족함에 매몰돼 아쉬워하기만 하지 말고 나 자신을 있는 그대로 받아들여야겠다고 결심했다.

안식년에 얻은 깨달음은 내 인생에 많은 영향을 끼쳤다. 안식년을 통해 내 커리어 전반기를 돌이켜볼 수 있었고, 이를 바탕으로 하반기를 좀 더 새로운 마음가짐으로 시작할 수 있었다. 그럴 수 있는 여유와 시각을 얻는 시간이었다. 무엇보다도 나 자신에게 집중하며 더 행복한 삶을 살게 됐다. 내 커리어에서 가장 잘한 결정을 하나 고르라면 주저없이 "안식년"이라고 말할 수 있다. 중년의 위기, 오히려 좋았다.

## '경험이 많을수록 현명해진다'는 착각

경력이 많은 시니어가 새삼 저런 생각을 했다니 의외라고 생각할 수도 있겠다. 보통 사람이 나이가 들면 여러 경험을 해서 현명해진다고 상정하니까. 개인적으로는 영화 〈스타워즈〉의 "요다"가 대표적인 예시라고 본다. 허나 극 중에서 거의 900살에 달하는 요다가 단지 나이가 들어서, 경험을 많이 쌓아서 지혜로워졌다고 볼 수 있을까? 나 자신, 내가 겪었던 매니저들의 사례를 되짚어 볼 때 '경험이 많을수록 현명해진다'는 명제는 꼭 성립하지 않는다. 나이를 먹으며 경험을 쌓아가는 동안 긍정적인 경험도 하지만, 그만큼 실패와 상처도 쌓이기 때문이다.

만약 제때 제대로 실패와 상처를 극복하지 못한 채 움츠러든다면 어떨까. 지속적으로 분노를 누적한다면 그것이 그 사람의 기본적인 감정 상태가 될 우려가 있다. 그러면서 실패와 상처를 줬던 일이 발생할 만한 상황 자체를 기피하는 방어기제를 보이게 된다. 예를 들어보자. 스타트업에서 클라우드 비용을 관리하지 못해 해고를 당했던 지인이 있었다. 그 분은 클라우드라는 화두만 나오면 '클라우드는 비용 관리가 힘들어서 절대로 도입해선 안 된다'고 주장했다. 다른 사람 의견을 아예 들으려 하지 않았다.

안타깝게도 그는 클라우드에 대한 증오(!)가 일종의 깨달음이라고 철석같이 믿는 모양이었다. 그러나 클라우드가 무슨 잘못이 있겠나. 비용을 적절히 모니터링하지 않고 써버린 담당자의 책임이 크지 않겠나. 뼈아픈 과정을 통해 '클라우드는 장점이 많지만, 이용자가 늘어나면 주기적인 비용 분석 등의 프로세스를 구축해야 한다'는 사실을 터득해야 실패로부터 무언가 배웠다고 할 수 있다. 클라우드라는 화두 자체를 무작정 싫어하고 기피한다면 실패에서 제대로 된 교훈을 얻었다고 보기 어렵다. 이처럼 실패의 경험을 통해, 상처의 쓰라림을 통해 배움을 얻고 더 현명한 사람으로 성장하기도 하지만 상황 자체를 객관적으로 보지 못하고 상황 탓만 하는 경우도 적잖다.

예시를 좀 더 들어보겠다. 전 직장에서 받은 상처와 분노를 새 직장에서 푸는 경우를 종종 목격한다.

전 직장에서 본인의 공헌에 비해 좋은 평가를 얻지
못 해서 승진을 못했다는 상처를 가진 사람이 있다고
가정해 보자. 만일 그 상처가 아물지 않았다면 '다시
는 그런 일이 없도록 하겠다'는 일념이 생길 수 있다.
그래서인지 새 직장에 들어가자마자 '언제 승진이 되
느냐' '뭘 해야 승진할 수 있느냐' 공격적으로 묻는 식
으로 방어적인 태도를 보였다. 그 결과는 어떨까.

이 역시 좋은 방식은 아닐 것이다. 과거와 같은 상
황을 반복하고 싶지 않다면 어떻게 과거의 경험을 지
금의 현명함으로 승화할지 숙고해 봐야 한다. 예컨
대, 본인이 맡은 업무의 가시성을 높이는 방안을 고
민해 봄 직하다. 혹은 매니저에게 나의 강점과 약점
이 무엇인지 묻고, 커리어 발전을 위해 지금 단계에
서 어떤 노력을 하면 좋을지 피드백을 청할 수 있다.
좀 더 가볍게, 그러나 분명하게 대화하는 시도가 선
행돼야 한다.

이러니 나이가 들고 경험이 쌓인다고 무조건 현명
해진다고 볼 수 없다. 커리어의 다음 단계로 넘어가
기 전에 상처를 치유하는 작업이 필요하다. 그렇다면

과거의 상흔을 어떻게 치유할 수 있을까?

치유의 시작은 본인에게 상처가 있다는 걸 인지하고 인정하는 것이다. 어떤 상황에서 갑자기 불안해지거나 감정적으로 반응한 적이 있었나. 그런 자신을 발견했다면 우선 그 상황을 돌아보고, 그것이 과거의 기억이나 상황과 연결돼 있는지 깊게 고찰해 봐야한다. 상흔을 인지한 다음에 치유를 위한 노력을 꾸준히 하는 단계로 이어질 수 있다. 남을 비난하는 행동을 멈추는 연습이 여기에 포함된다. 어떤 경우라도 타인이나 상황을 비난하고 욕하는 것만으로 상처가 아물지 않는다.

나이가 들수록 자기 상처에 매달릴 가능성은 커진다. 과거의 경험이 너무 억울하고 쓰라리다 보니 자꾸만 부정적인 반응을 보이게 되고, 듣는 이들이 본인의 말에 동조한다고 착각하기 쉽다. 허나 부정적인 이야기만 꺼내는 사람은 다들 피하기 마련이다. 이는 나쁜 평판으로 이어진다. 악순환이다. 그러니 치유의 첫 걸음부터 차근차근 내딛어 보길 권한다. 일단 과거의 상처를 인지한 후에는 비록 시간이 걸린다 해도 상처를 딛고 다시 일어서기 상대적으로 수월해진다.

나 또한 쉬지 않고 계속 일하면서 내 안의 상처를 인지할 여유를 갖기 어려웠다. 그래서 안식년이 큰 도움이 됐다. 내 과거를 돌아볼 시간이 생겼기 때문이다. 예를 들어, 나중에서야 야후에서 함께 일했던 옛 동료와 이야기를 나누면서 퇴사 직전에 내가 자신감을 잃었던 원인을 바로잡을 수 있었다. 그때는 내가 이것저것 따지면서 까다롭게 굴었기 때문에 외부에서 권하는 다양한 기회를 놓쳤다고 여겼는데, 사실 야후의 하락세, 그로 인한 조직의 변질이 자신감 부족에 큰 여파를 미쳤다는 걸 시간이 흐르고서 인지했다.

꼭 안식년이 아니라도 잠시 멈춰 회고하는 시간을 충분히 활용할 수 있다. 혼자 걷다가, 혹은 책을 읽다가, 또는 지인들을 만나 잡담을 하다가 불쑥불쑥 과거 나의 행동과 감정이 떠오르면서 내 안의 상처를 깨닫는 순간이 온다. 그걸 인식하고 치유하고 나니 당시에는 고통스럽기만 했던 시간들이 유의미한 경험으로 전환됐다. 커리어 후반에 접어드는 내게 밑거름이 되기 시작했다. 상처로만 남지 않는다면 모든 경험은 이로울 수 있다. 〈스타워즈〉의 요다처럼 현명해지고 싶다면 스스로 치유할 줄 아는 어른이 돼야 한다고 믿는다.

## 내 삶의 리더십을 회복할 때

이처럼 커리어 하반기는 저절로 완성되지 않는다. 화려하고 긴 경력사항만으로 지속가능한 성장을 보장할 순 없다. 쉼 없이 일한다고 저절로 커리어가 쌓이는 게 아니라는 의미다. 기대수명이 늘어난 이 시점에 어떻게 커리어 하반기를 보낼지, 혹은 커리어 초반부터 저 끝까지 어떻게 슬기롭게 궤적을 그려 나갈지 고민하는 사람이라면 한 번쯤 자신을 돌아보고 삶의 기준을 수립하는 작업을 해 보길 바란다. 그래야 당신 삶의 리더십을 살릴 수 있다. 리더십을 일으킬 때 기나긴 여정을 무사히 나아갈 수 있다.

길어진 '커리어 시계'를 두고 미국 실리콘밸리에서도 비슷한 고민을 한다. 실리콘밸리에 사는 지인들과 커피챗(궁금한 업계, 회사, 직무 등에 속한 사람과 실제로 만나 부담 없이 정보를 묻고 답하는 문화)을 할 때마다 '커리어 하반기'라는 화두가 자주 등장한다. 이 키워드를 언급하는 이들은 공통적으로 대략 40대, 2012년 내가 겪었던 중년의 위기를 겪고 있는 사람들이다. 그 고민을 들여다 보면 이제 막 커리어를 시작하는 사람이나, 커리어 하반기를 준비하고 맞이하는 사람이나 비슷한 고충을 겪는다는 걸 알 수 있다.

커리어 하반기를 앞두고도 시니어들은 잠시 쉼표를 찍는 걸 망설인다. 경제적인 여력에 대한 고민도 있지만, 그만큼이나 '쉬고 난 다음에 다시 구직할 수 있을지 모르겠다'는 우려를 표한다. 이력서상에 빈 칸을 남기는 것이 커리어에 부정적으로 작용할 것 같다는 걱정이 든다는 뜻이다. 쉬는 동안 무엇을 해야 할지 모르겠다는 반응도 많다. 이왕이면 알차게 보내고 싶은데, 무엇부터 어떻게 해야 할지 모르겠다는 것이다. 쉬어 보지 않고서야 알 수 없으니 더더욱 불안하고 막막해진다.

그러나 커리어 하반기에도 꾸준히 성장하는 사람

으로 살아가고 싶다면 더더욱 한 번이라도 휴식기를 가져야 한다고 생각한다. 이 시기에 거창한 계획을 세우기보다는 본인 삶의 우선순위를 정리해 보라고 조언하곤 한다. 나 또한 안식년 덕분에 나 자신에 대해 바로 알 수 있었다. 생각지 못했던 기회도 만났다. 커리어 전반기에는 주변의 시선을 의식해서, 남과 나를 비교하면서 일해왔다면 하반기에는 나답게 보내고 싶다고 뜻을 세웠다. 쉼과 회고의 시간이 결정적인 계기가 돼 줬다. 정리하자면, 17년이라는 커리어 전반기를 되돌아 보며 아래와 같이 커리어 후반기를 '나다움'으로 채우기로 결단할 수 있었다.

## 1. 커리어 후반기에는 나 자신에 더 집중하자

커리어 후반기를 앞두고 나는 어떤 사람인지, 어떤 강점을 갖고 있는지, 어떤 상처를 갖고 있었는지 좀 더 여유롭게 되짚었다. 그러면서 후반기에는 남의 이목보다 나 자신에게 집중해야겠다고 결심했다. 남들이 알아주는 유명한, 큰 규모의 회사가 아니라 내가 재미를 느끼는 작은 기업, 스타트업들을 다녀야겠다는 판단이 섰다. 덕분에 안식년이 끝난 이후에는 유데미, 폴리보어 같이 빠르게 크는 스타트업에서 커리어를 시작할 수 있었다.

100세 시대에는 커리어 이모작, 삼모작이 필요하다고 한다. 일이 재미없고 힘들다면 손에 쥐고 있는 것을 버리고 새로운 방향을 모색해 보는 것이 장기적으로 훨씬 건강한 의사결정이라 할 수 있다. 대략 75세까지 일한다고 가정했을 때 여전히 갈길이 멀다. 더 늦기 전에 내 커리어의 하반기를 나다움으로 채워야 한다고 느낀다. 긴 호흡으로, 나를 중심으로 커리어를 바라보자.

## 2. 잘 하는 걸 해볼까 ≪≪ 좋아하는 걸 해볼까?

잘하는 것과 좋아하는 것 사이에서 고르라면 "좋아하는 걸 선택해 보라"고 말하는 편이다. 사실상 내가 무엇을 잘하는지 바로 알기 어렵고, 좋아하는 걸 해봐야 결과에 상관없이 덜 후회하기 때문이다.

커리어 선택의 측면에서 아마존 창업자인 제프 베조스가 자주 거론하는 '후회 최소화 프레임워크'(Regret minimization framework)를 접목할 수 있다. 베조스 본인이 아마존을 창업할지 결정할 때 사용했던 방법이다. 지금 이 일을 안 하면 여든 살이 됐을 때 후회할까? 이 질문에 대한 저마다의 결론이 있을 것이다. '아마존을 창업하는 것'에 대한 베조스의 결론은 이랬다. "설령 결과가 안 좋더라도 여든이 됐을 때 창업했던 선택을 후회하지 않을 것이다."

같은 맥락에서 커리어 선택의 순간마다 후회를 최소화하는 방향으로 결정해 볼 수 있다. 40대 중반 이전, 커리어 전반기에는 나의 관심사 위주로 다양한 경험을 해보며 나라는 사람에 대해 배우고 방향성을 찾을 수 있다. 커리어 후반기에는 본인이 잘하는 일 중심으로 깊게 파고 들어가는 전략이 어떨까.

개인적으로 내 커리어 전반기를 되돌아 봤을 때 창업 등 여러가지 크고 작은 실수가 있었다. 내가 하고 싶은 도전들을 했기에 후회가 덜 남았다. 이를 통해 내가 어떤 사람인지도 파악할 수 있었다. 커리어 후반기를 제대로 준비하는 밑바탕이 됐다. 어차피 일과 삶을 지속할수록 내 앞의 선택지 중 꼭 하나만 고르는 게 아니라는 생각이 든다. 무엇에 먼저 도전할지, 그 순서를 정하는 관점으로 살아가는 듯하다.

## 3. 커리어상 기복을 당연하게 받아들이기

빠르게 변화하는 세상에서 커리어가 길어질수록 잘 풀리는 만큼 안 풀리는 경우의 수가 생긴다. 조직에서 보상을 많이 받다가 적게 받을 수도 있다. 그야말로 온갖 변수가 발생한다. 그러니 항상 위로만 올라가려고 하면 나중에 확 꼬꾸라질 수도 있다. 위만 바라봤으니 한 번의 큰 낙차로 인해 크게 낙심하는 케이스가 발생한다.

커리어 하반기에 접어들면서 이러한 등락(Up-and-down)을 유연하게 수용하는 역량이 중요하다는 걸 실감했다. 그러기 위해서는 낙관적인 자세와 회고하는 습관을 장착해야 한다. 오히려 실패가 내 인생의 나침반이 돼 줄 수도 있다. (이에 관해서는 뒤에서 좀 더 자세히 다뤄 보겠다.)

인생이 항상 우상향 그래프라면 좋겠지만 그렇지 않다. 커리어는 더 이상 위로만 올라가는 사다리가 아니다. 사다리는 평생직장이라는 개념이 존재했던 세상에서나 가능했다. 요즘 커리어의 방향성은 위, 아래, 옆으로 모두 트인 정글짐에 가깝다. 그러니 잠시 멈추거나 일보 후퇴하는 것처럼 보여도 더 행복하게 일하고 성장할 수 있다. 다시 전진할 힘을 키울 수 있다면 휴식이나 일보 후퇴가 궁극적으로 긍정적인 경험이지 않겠나.

그러니 커리어상 잘 나갈 때 자만할 이유가 없다. 크게 올라갔다면 내려가는 구간도 뒤따르는 탓이다. 이러한 현상을 일컬어 '평균 회귀'(Regression to the mean)라 부른다. 학교 성적으로 빗대 보자면 어떤 시험을 치르든 본인 실력보다 훨씬 좋은 성적 혹은 나쁜 성적을 받을 확률이 있다. 하지만 시험을 보면 볼수록 그 결과는 원래 실력으로 수렴한다. 이러한 경향성은 커리어에도 동일하게 접목된다. 장기적으로 봤을 때 우상향으로 성장한다면, 그렇게 움직이면 그만이다. 그 과정에서 크고 작은 등락은 피할 수 없다. 이를 자연스럽게 포용할 수 있어야 변화의 속도가 빨라지는 세상에서 마음 편히 성장할 수 있다.

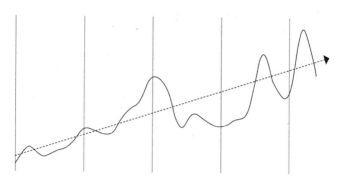

**평균 회귀 그래프.**
한 걸음 물러나 나의 인생 궤적을 들여다 봤을 때
내가 우상향으로 성장하고 있다면 그걸로 족하다.

요즘 회자되는 '회복 탄력성'(resilience)이 이와 같지 않나 생각한다. 회복탄력성이란 역경을 경험했거나 경험하면서도 이전의 적응수준으로 돌아오고 회복할 수 있는 능력을 일컫는 심리학 용어다.[1] 좌절하더라도 다시 툭툭 털고 일어서는 힘이다. 커리어의 평균 회귀를 담담히 수용하는 데 회복탄력성의 비밀이 숨어있다.

[1] 정성진, 「[정신건강 칼럼] 꺾이지 않는 마음, 회복탄력성」, 삼육대학교, 2023.07.04.

그러려면 남 보기 좋은 이력서를 유지하느라 급급하기보다는 본인에게 훨씬 중요한 가치를 좇아야 한다고 생각한다. 내 인생을 내가 바라는 대로 살아가는 것, 그보다 중요한 것이 있을까? 삶의 리더십을 되찾자. 내 삶의 주인이 나라는 것을 잊지 말아야 한다.

# 2장

## 장기적인 관점 연습하기

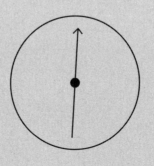

## 나의 발목을 잡는 '나이 강박'

데이터 엔지니어링 강의를 3년에 걸쳐 했다. 500명이 넘는 수강생들을 가르쳤다. 원하는 수강생들과는 강의 마지막에 30분 가량 일대일로 상담하는 시간을 가졌다. 데이터 엔지니어로 커리어를 시작하거나 전환하려고 취업을 준비하는 분들이 전체 수강생의 대략 50%쯤 차지했다. 내 예상보다 그 비율이 훨씬 높아서 놀랐다. 당시 그들의 이야기를 들으며 "문송"(문과라서 죄송하다)이란 표현도 처음 배웠다. 문과생들 취업이 상대적으로 어렵다는 점은 한국이나 미국이나 동일하구나 느꼈다.

이 강의는 화상회의 플랫폼 줌(Zoom)으로 이뤄졌다. 다른 수강생들과의 접촉이 별로 없었다. 그러다보니 대부분 본인이 타 수강생들보다 나이가 많은 축

43

에 속한다고 여겼다. 그래서일까. 본인의 선택이 너무 늦지 않나 불필요한 걱정을 하는 경우도 생각보다 너무 많이 접했다. 본인이 20대 중반이라서 나이가 많다고 우려를 표하는 수강생을 보며 처음에는 지나치게 걱정이 많은 사람이라고 여겼는데, 그런 생각을 하는 사람들이 굉장히 많다는 걸 발견했다. 나중에는 이게 개개인의 문제가 아니라 사회적인 문제라고 생각이 바뀌었다.

이처럼 커리어에 관한 멘토링을 하다 보면 본인이 원하는 방향이 분명히 있음에도 그 길을 가지 못하는 사정을 듣게 된다. 그 중 '나이'가 걸림돌이 되는 경우가 상당했다. 자신이 원하는 걸 도전하기에는 본인 나이가 많다는 것이다. 물론 가고 싶은 길에는 늘 불확실성이 공존한다. 만에 하나라도 실패하면 나이만 늘어난다. 슬프게도 절대 젊어지지는 않는다. 본인보다 어린 나이에 더 멋지게 시작하는 (것처럼 보이는) 타인과 나 자신을 비교하면서 걱정의 골은 깊어진다. 특히 한국 사람들이 여느 문화권보다도 나이에 민감하다는 인상을 준다.

　서글픈 고민이다. 20대는 그 나름대로 나이가 많다고 느낀다. 30대 역시 나름대로 나이가 많다고 스스로 치부한다. 연령대가 바뀌기 전에 무어라도 이룩해야 한다는 일종의 강박관념이 아닌가 싶다. 30대가 되기 전에 번듯한 직장을 잡아야 하고, 40대가 되기 전에는 전문성을 쌓아야 한다는 믿음과 같다. 비슷하게 나 또한 삼성전자를 그만둘 때 만으로 31살이었다. (지금 생각해 보면 어리지만) 당시에는 불확실하더라도 새로운 경험을 할 수 있는 실리콘밸리로 가는 게 맞을지 막연하기만 했다. 나이가 고민거리를 더했다.

　100세 시대에는 70대 중반까지 일을 해야 할 확률이 높다. 지금 30대 중반이라면 아직 40년이 남아있고, 40대 중반이라면 아직 30년이 남아있는 셈이다. 내 개인적으로도 여전히 20년이란 시간이 남아있다. 즉, 커리어가 예상보다 더 길다. 커리어 전반기의 실패가 실패로 인한 큰 상처로 머무르지만 않는다면 마냥 실패가 아닐 수도 있다는 뜻이다. 도리어 전반전은 내게 맞는 일과 환경을 찾아가는 과정에 가깝다.

(미국이라는 환경이라서 가능한 부분도 있지만) 내 주변에서 40대 후반이나 50대 초반에 처음 코딩을 배워 주니어 개발자로 새출발을 하는 지인들을 어렵지 않게 볼 수 있는 것과 같은 맥락이다.

아이러니하게도 한국은 인구가 줄고 있다. 그 때문에 나이가 큰 걸림돌이 되지 않는 시점이 곧 올 것이라는 예측이 가능하다.[2] 실제로 3년 동안 데이터 엔지니어링을 가르칠 때 1/3에서 1/4의 수강생은 이미 직업을 가진 상태에서 직군 전환을 위해 수강한 분들이었다. 나이 분포는 20대 후반에서 40대 초반으로 굉장히 다양했다. 현재 직업도 IT 업계가 아닌 소방관, 초등학교 선생님, 학원 강사 등등 다채로웠다. 이런 변화는 이제 시작일 뿐이다. 나이에 대한 강박을 뛰어넘는 변화는 점점 가속하리라 본다.

장기적으로 나의 성장을 저해하는 요소는 무엇일까. 나이에 대한 천편일률적인 시각이야말로 나의 발목을 잡는 주범이라 할 수 있다. 이런 측면에서 50대 초반에도

[2] 최영순 외 2명, 『함께할 미래 for 5060 창직사례집』, 한국고용노동원, 2023.03.30.

주니어 개발자로 커리어를 다시 시작할 수 있는 미국 사회에 부러운 마음이 든다. 미국과 한국 양쪽을 모두 살아보면서 어느 한 쪽이 더 낫다고 평할 순 없지만, 개인의 다양성이 사회적으로 장려될 때 커리어 성장도 지속할 수 있는 것만은 자명하다. 한국도 사회적으로 새로운 시도를 장려하고, 실패를 인정해주는 다양성을 수용하면 어떨까. '너무 늦은 건 아닐까요?'라고 묻는 지금이 기나긴 인생에서 가장 젊은 날이다.

## 나 자신을 뛰어넘고 싶다면

나의 성장 혹은 새로운 선택을 가로막는 두 번째 요인은 나에 대한 고정관념이다. '나는 이런 사람'이라고 본인의 능력에 테두리를 치고 그 밖으로 나갈 자신이 없는 케이스다. 물론 그 테두리가 본인에게 만족스럽다면 굳이 그 밖으로 나갈 필요는 없다. 그로 인해 본인의 성장이 막혔을 때, 그래서 불만족을 느끼다면 그때부터 나에 대한 고정관념이 문제가 된다. 불만이 있음에도 어떻게 그 고정관념을 탈피할지 난감해하는 교착상태에 빠지기 때문이다.

나에 대한 고정관념은 어떤 모양으로 표출될까? 가장 흔한 패턴은 내가 잘 하고 싶은 분야에서 이미 잘 하는 사람들과 나 자신을 비교하면서 '저 사람들은 타고났고, 난 아닌 것 같다'는 식으로 단정짓는 것이다. 일례로, 초기 창업자들의 경우 자신보다 잘 나가는 다른 창업자들을 보면서 '저 사람들은 처음부터 꽃길을 걸었고 나는 아니야'라는 식으로 간주하기도 한다. 그러면서 안주하는 나 자신을 정당화한다.

하지만 그 사람들이 처음부터 잘 했을까? 그 사람들이 보이지 않는 곳에서, 앞서 쏟아 부은 노력과 시간이 분명 엄청났을 것이다. 그런데도 내게 보이는 모습만 보고 결과론적으로 판단하고 있는 게 아닐까. 나보다 앞서 나아간 사람들을 롤모델로 삼는 게 낫지 않을까. 사고의 전환을 해볼 수 있다. 어떻게 저 사람처럼 될 수 있을지 궁리하며 동기부여를 얻고자 하는 관점이 훨씬 건강하다. 이게 스트레스도 덜 받는 방향성이라 믿는다.

타인을 비교 대상이 아닌 본받고 싶은 롤모델로 설정해 노력의 원동력으로 삼으면 어떨까. 여기에 더해 나의 결정을 믿고 지지해주는 서포터(지지자들)이 주변에 있을 때 지속해서 새로운 도전을 할 수 있다. 내가 정해버린 나의 테두리 밖으로 나가려면 나의 관점이 바뀌는 것만큼이나 주변의 지지가 필요하다. 스스로 발전이 더뎌서 다소 우울해졌을 때 "할 수 있다"고 응원해주는 친구와 가족이 있다면 나에 대한 고정관념을 벗어나기 훨씬 용이해진다. (6장에서도 이 이야기를 보충한다.)

역설적으로 나 자신에 대한 강박관념은 '성공의 경험'에서 비롯될 수도 있다. 과거에 얻은 성공방정식을 오늘날 전혀 달라진 환경에서도 고집하는 유형이다. 단적으로, 정적인 환경에서 맞아떨어지는 성공방정식과 동적인 환경에 맞는 성공방정식은 다르다. 본인이 대기업에서 일을 잘 했다고 해서 스타트업에서도 일을 잘 할 것이라는 보장은 없다. 일반적으로 대기업에서는 프로세스가 정해져 있다. 그 안에서 본인이 많은 업무를 잘 해도 인정받을 수 있다. 하지만 작은 규모의 회사에서는 여러 업무를 넘나들며 일해야 결과를 볼 가능성이 높아진다. 환경이 다르기 때문에 이전과는 다른 형태의 행동과 태도가 수반돼야 한다.

또, 같은 기업 내에서도 주니어일 때 인정받는 행동과 시니어일 때 인정받는 행동에는 분명히 차이가 난다. 주니어일 때는 혼자 일하는 경우가 많지만 시니어로 올라갈수록 그룹으로, 여러 사람과 일을 하게 된다. 결국 어느 경우이건 나만의 성공방정식을 고정시키는 건 위험하다. 주기적으로 나 자신을 점검하면서 지금 환경에서 어떤 변화가 필요한지 따져본 다음 그 변화를 행동으로 옮기는 과정이 필요하다. 나 자신에 대한 고정관념을 뛰어넘는 융통성이 장기적으로 본인의 성장에 주요하다고 할 수 있겠다.

## 낙관적인 태도의 역설

요약하자면 크게 3가지가 나에 대한 고정관념을 고착시킨다. '저 사람은 타고난 거야'라고 지레짐작하거나 과거의 성공방정식에 매달릴 때, 나에 대한 고정관념을 깨트리는 회고의 과정이나 변화하려는 나를 지지해주는 서포터가 부재할 때 나는 나에 갇힌다. 이러한 난제를 푸는 첫 단추는 성장하고자 하는 마인드셋을 기르는 것이다. '성장 마인드셋'(Growth mindset)을 내재화하기 위해서는 장기적인 관점이 중요하다. 본인이 잘 하고 싶은 일이 있다면 긴 호흡으로 봐야 한다. 처음에는 잘 하지 못할 것이다. 그걸 인정하고 하룻밤 성공(Overnight success)이 아닌 오랜 시간에 걸친 꾸준함을 지향해야 한다.

인생은 결국 '장기적으로 어떻게 바라보느냐'에 따라 크게 달라진다고 믿는다. 일반적인 통념과 다를 수 있다. 보통 사람들은 인간관계가 좋아지고 일이 잘 풀려야 감사할 수 있다고 생각하지만 사실은 그 반대다. 심리학자 바버라 프레드릭슨 교수의 확장 및 발전 이론에 따르면 긍정적인 마음을 가질 경우 인간 관계도 나아지고 일도 잘될 확률이 높아진다.③ 순서가 반대다.

이 이론은 긍정적인 감정의 확장(Broaden)과 발전(Build)이라는 두 단계로 '긍정의 효용성'을 설명한다. 먼저 확장에 대해 알아보자. 인간이 기쁨, 사랑, 감사, 즐거움과 같은 긍정적인 감정을 경험할 때 일상에서 벗어난 활동에 참여할 가능성이 [확장]한다. 새로운 아이디어와 경험을 더 잘 받아들이게 된다는 뜻이다. 확장이 인간 관계 개선, 문제 해결 능력 향상, 신체 건강 개선, 삶에 대한 낙관적인 전망 등으로 이어진다. [발전]이 뒤따른다. 그렇기 때문에 장기적으로 삶을 낙관하며 나아가는 관점의 힘을 결코 무시할 수 없다.

장기적인 관점은 훈련을 통해 충분히 가다듬을 수 있다. 지금 타인과 나의 상황을 두고 차이(Gap)에만 매몰되는 게 아니라 어제의 나보다 더 발전한(Gain) 오늘의 내가 됐는지 반성하는 것이 여러 모로 건강한 사고방

③ Barbara L. Fredrickson, 「The broaden-and-build theory of positive emotions」, Royal Society, 2004.08.17.

식이다. 오래 꾸준히 성장하고 싶다면 무엇보다도 나 자신과 현재에 집중해야 한다. 혹자는 정신승리라고 비웃을지 모르지만, 그 정신승리로 말미암아 장기적으로 성장하는 어른이 될 수도 있는 법이다. 처음부터 잘 하는 사람은 없다는 사실을 놓쳐선 안 된다.

조직심리학자 벤자민 하디(Benjamin Hardy)가 쓴 『The Gap and The Gain』이란 책에는 다음과 같은 구절이 있다. "행복해지고 싶다면 현재에 집중/몰두하고 발전해야 한다. 불행해지고 싶다면, 그냥 간극을 바라보고 있어라."④ 남과 비교하다 보면 현재에 집중하기 쉽지 않다. 그렇게 시간을 허비하기엔 커리어가 길다. 너무나 길다. 그러니 시작점이 아니라 어떤 과정을 거쳐 어디서 마무리하느냐, 그 여정이 훨씬 중요해진다. 커리어를 한 방에 끝내려 하지 말자.

내가 잘하는지, 재능이 없는 게 아닐지 자꾸만 의문을 품지 말고 1년, 2년, 5년 그냥 쭉 해보는 것. 이것이야말로 성장 마인드셋의 본질이라고 본다. 타고난 능력에 매달려 시

④ Dan Sullivan & Benjamin Hardy, 『The Gap and The Gain』, Hay House, 2021.10.19.

도하지 않는 고정 마인드셋에서 벗어나 '처음에는 잘 못하더라도 열심히 꾸준히 시도하면 잘 할 수 있다'고 믿는 태도다. 꾸준함을 바탕으로 작게나마 내가 할 수 있을까 싶었던 일들을 성취하는 것, 자신감을 키우는 것, 그렇게 일의 크기를 키우는 장기전에 임해야 한다. 시작의 중요성을 인지하고 빨리 저질러 보기를 바란다.

## '두 번의 실패'만은 피하고 싶을 때

멘토링을 하다 보면 본인이 하고 싶은 선택이 의외로 확고한 경우가 적지 않다. 다만 과거에 비슷한 도전을 했을 때 결과가 좋지 않았고, 그래서 그 도전 자체를 망설이는 분들이 꽤 있다. 그래서 앞서 휴식과 회고를 통해 상처를 치유하고, 자신을 있는 그대로 받아들이며 실패를 배움으로 승화해야 한다고 설명했다. 그렇다면 이번에는 결과가 달라질 수 있다. 그럼에도 '두 번의 실패'가 두렵고 망설여진다면 이렇게 접근해 보면 어떨까 싶다.

본인의 선택이 불안하게 느껴진다면 그 선택을 조금 더 안전하게 만드는 작업을 먼저 시도할 수 있다. 이때 의사결정에 대해 양방향, "Two-way door" 관점으로 접근해 볼 수 있다. 의외로 대다수의 선택은 아니다 싶으면 원래 상태로 되돌릴 수 있다. 이렇게 원래대로 돌이킬 수 있는 선택을 "Two-way door"(문 열고 나갔다가 아니다 싶으면 다시 열고 원래 장소로 돌아갈 수 있는 선택)라 부른다. 원래대로 돌아오기 어려운 의사결정을 "One-way door"(문 열고 나가면 다시 돌아오지 못하는 선택)라 구분 지을 수 있다.

"Two-way door"라는 개념은 아마존의 의사결정 방식에서 유래했다. 특정 서비스에 새로운 기능을 시도해보는 것이 "Two-way door"라고 판단했다면 의사 결정에 너무 많은 시간을 쓰지 않고 빠르게 실행한다. 그 후 거기서부터 배워 나가는 데 초점을 맞추는 의사결정 구조가 "Two-way door"다.

인생의 의사 결정에도 이 방식을 사용할 수 있다. 만일 내 앞에 매니저가 될 기회가 생겼다. 헌데 이전에 사람을 이끌고 프로젝트를 진행해본 경험이 안 좋아서 주저하게 된다면 미리 "Two-way door"를 만들수 있다. 예컨대 지금 매니저와 상의해서 일단 매니저로 일을 시작해 보고, 6개월 혹은 1년 후 상황을 점검하는 식이다. 여전히 아니다 싶으면 다시 개인 팀원(IC, Individual Contributor)으로 돌아갈 수 있도록 미리 의논해 두는 방법이 있다.

또, 내가 관심 있는 일을 경험할 수 있는 회사로 이직하는 결정도 "Two-way door"로 만들 수 있다. 지금 회사에서 내 평판에 문제가 없었다면, 매니저와 사이가 나쁘지 않으며 회사를 그만둘 때 잡음이 없었다면 협의의 여지가 생긴다. 새로 간 회사가 기대와 너무 다를 경우 원래 회사로 다시 돌아오는 선택지를 남겨 둘 수 있다.

실제로 그런 경우를 자주 봤다. 내가 매니저로 일할 때 함께 일하던 팀원 중에도 조직을 떠났다가 돌아온 케이스들이 있었다. 유데미는 세계 최대 온라인 학습 및 교육 플랫폼으로 2021년 나스닥에 상장한 스타트업이다. 여기서 일했을 때 팀원 하나가 에어비

앤비로 이직했다가 1년 6개월 만에 돌아왔다. 본인에게는 "유데미가 더 맞다"는 후문을 남겼다. 매니저 입장에서 따져보면, 이미 조직과 합을 맞췄던 검증된 사람이 다시 오겠다는데 얼마나 기쁜 일인가.

개인적으로는 '창업 실패'라는 경험도 결코 일방향으로 닫힌 문이 아니었다. 물론 실패한 직후에는 상처였다. 하지만 아픔을 치유하고 나니 나중에는 직장에서 일할 때, 스타트업을 선택하고 엔젤투자를 할 때, 어드바이저(자문) 역할을 할 때 창업 실패의 경험이 큰 자산이 됐다. 2년이란 시간 동안 창업한 회사에 기울였던 노력이 물거품이 됐다고, 돌이킬 수 없게 문이 닫혔다고 볼 수도 있겠지만. 폐업하고 난 후에도 인생이 영영 망하거나 완전히 끝나버리진 않았다.

창업했다가 좌절했던 경험은 직장인으로 일하는 데도 도움이 됐다. 야후에 입사했을 때 꼬박꼬박 나오는 월급에 감사하는 마음을 가질 수 있었다. 창업의 어려움에 비하면 야후에서 맡은 일들은 쉬웠다. 인정받고 승진하는 데도 실패의 이력이 보탬이 돼 줬다. 창업 실패라는 경험을 통해서 창업이 오랜 시간

헌신해야 결과가 나오는 일이라는 점, 공동창업자와
의 업무 분담이 관건이라는 걸 몸소 깨달았고, 창업
에 대한 호기심이 사라진 덕분에 내 커리어 선택의
기준이 단순해질 수 있었다.

만일 이때 창업을 안 해봤다면 어땠을까. 아마도
내 이후 커리어에서 창업이라는, 평생 해보고 싶은
버킷 리스트가 나를 괴롭히지 않았을까 짐작한다. 문
을 열지 못한 후회가 남았을 것이다. 창업이라는 문
을 열었다가 돌아와 봤기 때문에, 비록 결과가 좋지
않아 상처도 남았지만 버킷 리스트에서 창업이란 아
이템을 체크할 수 있었다. 과거의 상처로 인해 망설
이더라도, 한 살이라도 젊을 때 해보고 후회하는 것
이 여러모로 낫다는 마인드셋을 장착하게 됐다.

새로운 선택과 변화를 앞에 놓고 주저하게 된다면
"One-way door"와 "Two-way door"를 떠올려 보면
어떨까. "Two-way door"의 길이 보인다면 좀 더 적
극적으로 새로운 시도를 실행에 옮기고, "One-way
door"라면 좀 더 신중하게 실행을 고려하되 이걸
"Two-way door"로 만들 방법이 없을지 고민해 볼 수

있다. 창업에 도전하고 실패했던 나의 경험처럼 거리 어를 길게 봤을 때 대부분의 선택은 "Two-way door"에 가깝다는 것도 잊지 말자.

무엇을 선택하건 자신을 믿는 '자신감'이 가장 중요하다는 걸 당부하고 싶다. 무엇이든 해보기 전에는 지금의 나에게 맞을지, 안 맞을지 알 수 없다. 과거에는 비슷한 상황에서 잘 안 풀렸더라도 오늘의 나는 다를 수 있다. 해보고 후회하는 것이 안 해보고서 '해볼까?' 후회하는 것보다 낫다. 좋지 않았던 경험을 갱신하는 것, 싫어하던 것을 해보는 것, 안 해본 것을 해보는 것만큼 가장 크게 배우는 경험은 없다. 실패가 나의 길을 잡아주는 나침판이 될 수 있는 이유다. 이러한 선택들을 할 수 있는 환경을 조성해 나의 안전지대(Comfort zone) 밖으로 나갈 수 있다.

## '100점짜리 정답'은 없습니다

적어도 학교 밖의 인생에서 정답이란 없다. 그럼에도 커리어 초반, 크고 작은 결정을 해야 하는 순간에 유혹을 받기 쉽다. 나보다 경험이 많은 사람이 내게 정답을 알려줬으면 좋겠다는 생각에 빠지는 것이다. 이런 유혹은 초기 창업자들도 많이 겪을 것이라고 예상한다. 그러다 보면 무의식적으로 정답을 좇는 행위 자체에 빠져들곤 한다. 정작 정답을 찾는 행위가 실제 성장과 무관함에도 '100점짜리 정답'이라는 망령을 좇게 된다.

여러 멘토링 행사에서 자주 나오는 질문 중 하나가 있다. "지금 무슨 기술이 뜨나요?" 세상이 빠르게 변하다 보니 다들 막막하다. 그래서일까. 혹자는 무엇이 소위 '뜨는 기술'인지 찾아서 선행학습을 통해 그걸 익히려 한다. 그렇게 전문성을 쌓아 커리어를 오래 이어가고 싶다는 속내다. 가장 흔하게 보이는 패턴이자 정답을 찾으려는 대표적인 양상이다.

불안감 → 유행하는 기술 파악 → 선행학습 →

전문성 → 안전한 커리어

커리어에 도움이 될까 싶어 석사과정 혹은 박사과정
으로 진학하는 선택 또한 정답을 좇는 또 다른 형태
다. 대학원 진학이 호기심, 당장의 필요나 학구열과
무관하다면 더욱 정답에 매달리는 쪽으로 기울기 십
상이다. 세상에 나가는 걸 피하기 위한 대학원 진학도
여기에 포함된다. 마치 대입을 준비하듯이 취업 준비
를 오래 해서 대기업에 가려는 발상도 유사하다. 전문
성을 쌓고 대기업을 오래 다녀서 커리어를 한 방에 완
성하겠다는 계산이 깔려있다. 이에 관한 질문들은 취
업 준비를 하는 대학생 멘토링에서 항상 등장한다.

먼저 내 생각을 밝히자면, 석박사 공부는 돈과 시
간을 써야 하는 투자다. 그래서 내가 좋아하는 분야에
대한 공부여야 한다. 궁금증과 열정을 기반으로 삼아
야 한다. 단지 이력서에 한 줄을 적기 위한 취지만으
로는 투자의 근거가 부족하다. 차라리 그 투자를 하지
않는 것이 슬기롭다. 동일한 시간 동안 실제로 일을

하면서 돈 벌고 경험을 쌓은 다음, 조금 더 마음에 들고 본인이 성장할 수 있는 곳으로 이직하는 것이 장기적으로 더 건강하고 안전한 선택이라고 믿는다.

다음으로 이렇게 자문해 볼 수 있다. 대기업에 취업한다면 내 커리어가 완성될까? 지나치게 애쓰지 않더라도 대기업에 빨리 취업할 수 있다면 거길 다녀보는 경험도 좋다고 생각한다. 본인이 직접 겪어 보고 판단하는 것이 제일 중요하기 때문이다. 다만 요즘처럼 빠르게 달라지는 세상에서 대기업 또한 내 기나긴 커리어에서 거치는 다수의 회사 중 하나일 뿐이다. 그러니 대기업이 내 커리어를 완성시켜 줄 수 있다는, 혹은 안전하다는 발상은 환상에 가깝다. 어떤 회사를 다니건 나 자신을 위해서 열심히 일하면서 주변에 좋은 평판을 남겨 후일을 도모한다고 보는 게 현실적이다.

실제로 대기업들에서 커리어 관련 강연을 해보면 규모가 작은 회사에서 강연할 때와는 조금 다른 결의 질문이 들어온다. 작은 회사에서는 "내가 잘 하고 있는지 모르겠다"와 "내 업무 외에도 할 일이 많은데 이게 커리어에 도움이 되는지 모르겠다"가 가장 흔하게 듣는 질문이다. 반대로 큰 회사에서는 세미나가 끝난 후 별도로 가장 많이 들어오는 질문으로는 "큰 기대를 가지고 들어왔는데 생각보다 배움의 속도가 느리다"를 꼽을 수 있다. 즉, 대기업에 입사하면 내 커리어가 완성될 줄 알았는데 아니었다는 고민이다.

한국 사회에서는 특히 어릴 때부터 주입식 공부를 한다. 그런 까닭에 정답을 찾는 행위로 기울기 쉽다고 생각한다. 무언가 막혔을 때 내가 원하는 것이 무엇인지 궁리하고 행동하기보다 공부를 통해 정해진 길을 찾아 모범답안을 찾는 방식이 알게 모르게 몸에 밴다. 나 또한 그랬다. 하지만 인생에서, 학교 밖에서는 정답이란 없다. 불확실하더라도 본인의 판단을 믿고 내 생각이 맞는지 부딪쳐 확인해 봐야 한다. 약간의 실패가 수반되더라도 스스로 고민하고 행동한 만큼 성장한다. 나다움이 선명해지는 길이다. 작을지라도 성취하고 몰두하는 경험을 쌓아 성취의 크기를 키워보는 선순환 고리를 만들어 내면 어떨까. 이를 통해 자신감을 얻는 것, 요즘 같은 세상에는 이러한 유연함이 곧 전문성이라 할 수 있다.

## 실패를 배움으로 만드는 장기전

정답을 대하는 태도는 곧 실패를 대하는 태도와 맞물려 있다. 오로지 하나의 정답만이 정해져 있고, 실패를 용납할 수 없다는 세계관에서 실패는 나침반이 되지 못 한다. 반면 작은 실패를 성취의 경험으로 연결할 수 있는 사람은 어느새 나다운 정답에 도착해 있는 자신을 발견할 수 있다. 실패를 배움으로 만드는 장기전에 능한 사람이야말로 오늘날 우리가 지향할 만한 커리어의 선례라고 생각한다.

재밌게도 위와 같은 깨달음은 내 말버릇에서 비롯됐다. 아내와 대화하다가 발견한 것이다. 무언가 계획했던 대로 되지 않는 경우 나도 모르게 "많이 배웠어"라는 혼잣말을 한다는 걸 알게 됐다. 이제는 와이프도 그 말버릇을 배워서 자주 한다. 심지어 한국에 놀러 간 아내가 먼저 웬 사진을 보내주었다. 사진 속 카페 벽면에는 "이길 때도 있고, 배울 때도 있다"(Sometimes you win, sometimes you learn)는 글귀가 적혀 있었다.

검색해 보니 같은 제목의 책이 있었다. 저자는 내가 좋아하는 세계적인 리더십 코치 존 맥스웰(John Maxwell)이었다. 책에서 맥스웰은 실수가 가장 크게 배우는 기회고, 그보다 더 큰 문제는 '아무것도 하지 않는 것'이라고 강조한다. 특히 이 책에서 내가 좋아하는 문장은 다음과 같다. "우리는 유치원 때부터 실수는 나쁜 것이라고 배운다. '실수하지 마!'라는 말을 얼마나 자주 들어 봤나? 그러나 우리는 실수를 통해 배운다. 실수는 단순히 몰랐던 것을 알려주는 경험이다. 실수를 하고 나면 그제야 깨닫는다."⑤

돌이켜보면 멘토링에서 내가 자주 받는 질문 중의 하나는 "어떻게 다양한 경험을 할 수 있었느냐"는 내용이다. 흔히 회자되는 '성공 스토리'에 완전히 부합한다고 생각하진 않지만, 석사 후 지난 29년 동안 나는 미국과 한국에서 창업 포함 13개의 크고 작은 회사에서 일했다. 또 어드바이저, 컨설턴트, 엔젤투자자로도 활동했다. 개인 안식년도 여러 차례 가졌다. 남들보다 다양한 경험을 한 셈이다. 이렇게 다채

존 맥스웰, 『어떻게 배울 것인가』, ⑤ 비즈니스북스, 2014.01.15.

로운 시행착오를 하면서 실패도 장기적으로 배움이 된다는 마인드셋을 얻었다.

'어떻게'를 궁금해하는 사람들에게 단단히 부탁한다. 물리적으로 진짜 오랜 시간이 걸렸다. 지금의 나와 20대, 30대, 40대의 나는 꽤나 다른 사람이다. 시간이 지나며 좀 더 성숙해졌다. 여유가 생겼다. 내 커리어의 전반기(43살 이전)에 했던 경험들이 후반기에 들어서 나라는 사람을 이해하고 거기에 집중하는 데 보탬이 되기 시작했다. 서두르지 않고 긴 호흡으로 가는 자세가 필요한 이유다. 10년 후, 20년 후의 나는 또 어떤 사람일지 장담할 수 없는 법이다.

그렇기에 꾸준함이라는 역량에 집중해 보길 권한다. 다양한 경험도 중요하지만, 이런 경험들을 관통하는 꾸준함이 핵심이라고 믿는다. 2023년 연말에 타계한 전설적인 투자자 찰리 멍거는 워렌 버핏의 최측근이자 비즈니스 파트너였다. 그는 자신의 성공 비결을 다음과 같이 설명했다. "다른 사람들보다 훨씬 똑똑할 필요는 없다. 아주 오랫동안 평균적으로 조금만 더 현명하면 된다."

　꾸준함을 요구하는, 그러면서 지속가능한 성장을 도모하는 작업으로는 학습, 인적 네트워킹, 책 읽기, 글쓰기를 통한 회고 활동 등이 포함된다. 이 활동들을 너무 자주, 완벽하게 하기 위해 애쓰지 않는 게 키 포인트다. 그냥 하면 된다. 적어도 1년 이상 꾸준히 하고서 스스로 얼마나 발전했는지 확인하는 편이 낫다. 매일 1% 발전할 수 있다면 1년 후에는 37배라는 놀라운 성장을 확인할 수 있다. 그게 바로 복리의 힘이다. 오랜 시간 꾸준히, 비가 오나 눈이 오나 해야 효과를 볼 수 있다. 내가 잘하고 있는지 너무 조바심 내지 말길 바란다.

　커리어는 100미터 달리기가 아닌 마라톤에 가까워졌다. 그래서 더더욱 실패를 나침반으로 바라보는 관점, 승화하는 트레이닝이 요구된다. 무엇이 나의 성장을 저해하고 있는지 돌아볼 타이밍이다. 장기적으로 실패를 통해 배울 줄 아는 어른이 된다면 당신의 꾸준함이 제 값어치를 할 것이다. 참고차 앞서 언급한 복리 활동 4가지에 관해 항목별로 예시를 들어보겠다.

## 1.학습

호기심 때문에, 혹은 개인적으로 필요해서, 지금 맡은 일을 잘 해내기 위해서 학습에 집중하려 했다. 또한 학습한 내용을 바로 나 자신에게 적용하는 형태로 익히고자 했다. 그게 가장 효율적이다. 돌이켜 보니 나의 커리어 전반전에는 뒤쳐지지 않으려는 조급함이 컸다. 하지만 나중에는 테크닉이 아닌 결과 자체를 지향하는 것으로 학습 태도를 바꿨다. 잘하고 싶거나 쉽게 시작하지 못하고 있던 분야에 관해 억지로 약속을 잡고 남을 가르쳐 보는 식으로 학습을 이어갔다.

## 2.네트워킹

새로운 기회는 좋은 사람들과의 만남으로부터 탄생한다. 허나 그 사람이 내게 도움이 될지 여부로, 혹은 첫인상이나 상대방의 이력으로 타인을 판단하지 않아야 한다. 당신이 퇴보할 수도, 발전할 수도 있듯이 상대방도 동일하다. 지금의 모습으로만 판단하는 잣대는 굉장히 위험하다. 이와 마찬가지로, 그저 단기적으로 순간순간 본인의 이익만 고려하는 사람과 잘 못된 인연을 맺으면 내 커리어가 꼬일 수 있다는 점을 명심하자. 궁극적으로 인간관계는 수단이 아닌 목적이어야 한다.

### 3. 책 읽기

간접경험과 학습을 위해 꾸준히 책을 읽거나 오디오 북을 들었다. 재미로 읽는 책이 아니라면 책을 읽는 것만으로 끝내지 않고 실행에 적용해야 한다. 다이어 트를 하고 싶다면서 이론만 익혀서는 안 되는 것과 같다.

### 4. 글쓰기

생각 정리를 위해 매주 주기적으로 글을 쓰며 회고했다. 좋았던 점, 아쉬웠던 점, 기타 생각 등등. 회고하며 깨달은 바를 행동으로 옮기는 습관을 만들었다. 길게 보면 내 커리어에 가장 도움이 됐던 복리 활동이다. (이에 대해서는 3장에서 자세히 이야기하겠다.)

## '좋은 사람'이 이기는 게임

실패를 배움으로 만들기. 여기에 덧붙여 마지막으로 전하고 싶은 내용이 있다. 장기적으로 봤을 때 '좋은 사람'이 되고자 노력해 온 사람이라야 기회를 얻을 수 있다. 스스로 성숙한 사람이 되고자, 주변에 선한 영향력을 행사하는 데 마음을 써야 한다. 오래된 믿음이다. 나의 경우 장기적으로 '인적 자본'(Social Capital)을 쌓는 데 10년 이상 걸렸다고 본다. 꾸준히 좋은 평판과 네트워크를 쌓는 복리 활동이 커리어 후반기를 뒷받침해 줬다. 결국 커리어는 좋은 사람이 이기는 게임이라는 걸 명심하자.

포르쉐의 CEO였던 피터 슐츠는 "인성이 된 사람을 뽑아서 기술을 가르쳐야 한다"(Hire character. Train skill)고 말했다. 태도를 보고 사람을 뽑아 적절히 훈련하는 것이 (설령 기술을 안다 하더라도) 태도가 나쁜 사람을 뽑는 것보다 중장기적으로 더 나은 선택이라는 뜻이다. 한동안 실리콘밸리에서 연봉을 가장 많이 주는 걸로 유명했던 넷플릭스의 채용 철학이 떠오르는 대목이다. "똑똑하지만 태도가 나쁜 놈을 봐주지 마라. 팀워크에 끼치는 대가가 너무 크다."(Don't tolerate brilliant jerks because the cost to teamwork is too high).⑥

개인의 능력을 중시하는 실리콘밸리에서 소위 인성이나 태도가 통하지 않을 것으로 생각할 수도 있겠다. 하지만 사람 사는 곳은 어디나 비슷하다. 아무리 일 잘하는 사람이라도 자기주장만 내세우거나 본인의 편의만 위한다면 누구도 그와 두 번 다시 같이 일하고 싶어 하지 않는다. 이런 자기중심적 행동이 오래 지속되면 결국 평판이 나빠진다. 나중에는 본인의 태도가 본인에게도 해가 된다.

물론 세상에 완벽한 사람은 없다. 일하면서 잘못된 결정을 내릴 수도 있고, 다른 사람에게 하지 말았어야 할 언행을 하고 후회할 수도 있다. 그러나 좋은 태도는 후회 이후에 빛을 발한다. 인격적으로 성숙한 사람은 본인의 잘못을 자책하는 데 그치지 않는다. 회고를 통해 잘못을 인지하고, 상대에게나 팀 전체에 미안하다고 털어놓

Jim Schleckser, 「Why Netflix ⑥ Doesn't Tolerate Brilliant Jerks」, Inc, 2016.02.02.

는 용기와 자신감을 보인다. 잘못을 인정하는 사람만큼 매력적인 팀 플레이어는 없다. 모르는 걸 모른다고 말하고 다른 이에게 물어보는 행동 역시 미성숙하거나 자신감이 부족할 때는 나오기 어려운 행동이다.

특히 리더십을 발휘할 때일수록 실수를 인정하고 본인이 모르는 부분을 물어보는 인간적인 모습이 중요해진다. 리더가 먼저 이러한 태도를 보여줘야 팀원들도 실수를 인정하고, 모르는 건 모른다고 말할 수 있다. 그래야 팀 내 신뢰 관계가 쉽게 형성된다. 서로 신뢰하는 환경에서는 질문도 많이 나온다. 건설적인 피드백을 주고 받기 쉬워진다. 다시금, '좋은 사람'이 커리어나 조직에 중장기적으로 중요하다는 사실을 엿볼 수 있다.

채용 담당자 입장에서도 '좋은 사람'이 주는 성숙한 태도는 꼭 염두에 둘 만한 역량이라고 생각한다. 면접 과정에서 태도를 살펴보거나 레퍼런스 체크(평판 조회)를 하는 이유도 여기에 있다. "똑똑하지만 태도가 나쁜" 한 사람의 존재로 인해 팀워크 자체가 무너질 우려가 있다. 이로 인해 그만두는 사람들이 속출하는 경우를 정말로 많이 봤다. 최악의 파국으로 치닫기 전에 적절한 피드백을 분명하게 제공해야 한 다. '좋은 사람'을 인재로 영입하는 데 집중할 수밖에 없다. 장기적으로 실력만큼이나 인성이 본인의 성장 에 관건이라 할 수 있다. (5장에서 이 리더십에 대해 구체적 으로 소개하겠다.)

결국 평판이란 같이 일하고 싶은 사람의 척도라 할 수 있겠다. 긍정적인 팀 플레이어를 마다할 조직 은 없다. 여기서 더 나아가 시행착오를 배움으로 삼 으며 끝내 목표를 이루는 태도와 경험을 갖춘 '좋은 사람'에게 좋은 평판이 적립된다. 이를 공식으로 만 든다면 다음과 같을 것이다.

평판 = (팀 플레이어) ×

(본인이 맡은 일을 성공으로 이끄는 사람)

반대로 아무리 일을 성공적으로 끌어내는 것처럼 보 여도 같이 일하고 싶지 않은 사람은 '나쁜 사람'으로 평판이 굳어진다. 커리어 후반기에 고생할 심산이 크다. 본인의 행동이 부메랑처럼 본인에게 돌아오는 셈이다. '좋은 사람'은 좋은 평판을 얻어 점점 더 좋은 기회를 돌려받아 커리어에 날개를 단다. 물론 이것이 항상 '나이스'하라는 의미는 아니다. 오히려 상대방의 성장을 위해 일관되게, 진심으로 피드백을 해주는 사람에게 성공적인 팀 플레이어라는 평판이 쌓인다.

'100세 시대'라는 표어가 식상해졌다. 그만큼 예정된 미래였고, 현실로 다가왔다. 노년기까지 커리어를 고민하는 모습이 우리의 자화상이 됐다. 그러니 커리어 전반기에는 나이, 나에 대한 고정관념 등으로 인해 자기 검열에 빠지지 않길 바란다. 남과 비교하기보다 현재에 집중하면서 그 과정에 생길 크고 작은 실패를 교훈으로 되새김질해 보면 어떨까. 학습, 네트워킹, 책 읽기, 글쓰기를 통한 회고와 같은 복리 활동을 꾸준히 해보길 추천한다. 긍정적인 자세, 감사하는 마음가짐을 갖춘 '좋은 사람'을 지향할 때 나 자신도, 동료들도 행복하게 일한다. 장기적인 관점이야말로 꾸준히 성장하는 커리어를 위한 지름길이다.

# 3장

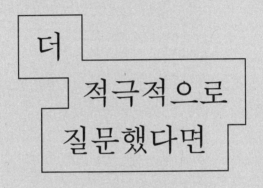

더 적극적으로 질문했다면

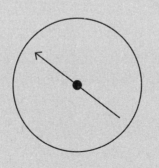

## 열심히 일하면 놓치는 것들

미국에서 대학 다니는 예비졸업생 한 명과 화상미팅을 했다. 현재 본인이 하고 있는 인턴 업무에 관한 고충이 있었다. 처음 맡은 과업을 너무 완벽하게 하려다가 한 달을 그냥 날려버렸다는 걱정이었다. 학생은 지금부터라도 어떻게 수습해야 할지 물었다. 나는 이렇게 되물었다. "지금 다시 같은 일을 맡는다면 어떻게 다르게 해보고 싶나요?" '지레짐작 하지 않고 먼저 주변에 이것저것 물어볼 것 같다'는 대답이 돌아왔다. 지금 본인의 상황을 수습할 방법도 크게 다르지 않았다. '혼자 생각하지 말고 매니저와 이야기해보라'고 권유했다. 앞으로는 일을 열심히 하기 전에 내가 생각하는 방향이 맞는지 확인하라고도 덧붙였다.

위와 같은 상황이 비단 이 학생 혼자만 겪는 문제

일까. 2년간 실리콘밸리로 인턴십을 하러 오는 다수의 학생들을 멘토링 하면서 지켜본 바로는 거의 예외 없이 모두 동일한 실수를 했다. 바빠 보이는 사수나 매니저에게 부담을 주고 싶지 않아서, 혹시라도 내가 멍청해 보일까 봐 물어보지 않았다. 본인이 알아서 하려고 했다가 나중에 보니 엉뚱한 방향으로 가고 있는 경우가 대다수였다. 본인에게 주어진 과업을 어떻게 매듭지어야 성공적인 마무리인지, 그 업무를 준 의사 결정권자가 그 여부를 판단해야 한다는 걸 간과한 결과다.

돌이켜보면 나도 다를 바 없었다. 회사에 처음 합류했을 때 내가 맡은 업무의 문맥을 먼저 파악하기보다는 어떻게 해서든 빨리 그 일을 완료해 인정받으려고 조바심을 냈던 적이 있었다. 그러다 보니 열심히 했다. 그럼에도 일을 맡긴 당사자의 기대와는 조금 다른 방향으로 일을 처리하기도 했다. 혹은 완벽하게 잘 해내려고 불필요하게 시간을 낭비하곤 했다.

이런 불상사가 주로 주니어에게만 있을 것이라 예상하겠지만, 사실 경험이 풍부한 시니어들도 쉽게 저

지르는 실수다. 연차가 올라갈수록 외부의 기대가 커지기 때문이다. 그러다 보니 압박감을 느낀다. 별다른 대화 없이도 스스로, 알아서, 빨리, 잘해야 한다는 잘못된 사고회로에 빠진다. 앞서 예시로 든 나의 실수들 역시 주니어 때보다는 직급이 올라간 시니어 때 놓쳤던 케이스였다.

경험의 유무와 관계없이 새로운 환경에 적응하려면 그 환경과 업무에 대한 문맥을 먼저 파악해야 한다. "문맥을 파악한다"에 대해 부연 설명을 해보자면 다음과 같다. 먼저 회사와 팀의 비전, 미션을 이해해야 한다. 다음으로 내가 맡은 업무들의 우선순위를 살펴야 한다. 업무별로 어떻게 끝냈을 때 성공적이라 할 수 있는지 기준점을 잡는 작업이 선행돼야 한다는 뜻이다.

이 작업을 하려면 결국 일을 부여한 사람과 자주 의사소통을 해야 한다. 그 출발점은 내가 먼저 질문을 하는 것이다. 자기 검열에 빠지지 말고 질문을 많이 해보자. 그게 문제 정의의 시작이다. 혹시 내가 열심히 일했는데도 상사가 인정해 주지 않은 경험이 있

다면 상대방과 업무를 정의하는 의사소통을 하는 단
계에 집중해 보길 권한다. 내가 풀어야 할 문제를 제
대로 정의한다면 그 이후는 수월하다. '시작이 반'이
라고 하지 않던가. 반대로 팀을 운영하는 리더가 앞
장서서 서로 질문을 건네기 편한 환경을 조성하는 것
도 중요하다. 열심히 일하기에 앞서 '질문의 중요성'
에 대한 공감대가 필요하다.

## 우는 놈 떡 하나 더 준다?

자기 검열은 질문을 가로막는 주요인이라 할 수 있
다. 지난 3~4년간 젊은 친구들의 커리어 상담을 도
맡으며 특히 자기 검열이라는 가림막을 실감했다. 동
아시아 사람들, 특히 일본과 한국 사람들에게서 두드
러지는 패턴이다. 여기에 대응해 내 나름의 노하우가
생기기도 했다. 예컨대 커리어 상담을 원하는 친구들
에게 나는 '먼저 듣고 되묻는' 전략을 쓴다. 대체로 상담을 원하는 쪽에서 마음 속에 원하는 답을 이미 갖고 있는 경우가 많은데, 그걸 알아채지 못 하거나 솔직하게 털어놓지 못 하기 때문이다. 이러한 자기 검열의 빗장을 풀기 위해 일단 듣고 그 내용을 기반으로 되묻는 식으로 멘토링을 해 왔다.

예를 들어보겠다. 드디어 미국에서 취업에 성공한 학생이 있다고 해보자. 헌데 H-1B(미국 취업비자)나 영주권을 지원해달라는 말을 회사에 먼저 꺼내지 못 했다. 본인이 일을 열심히 해서 자신의 가치를 증명한 다음에 지원을 요청해야겠다고 예상했다. 본인이 본인을 먼저 평가하는 이러한 방식은 평가가 나오기까지 시간이 너무 오래 걸린다는 치명적인 단점을 갖고 있다. 혹시나 회사에서 영주권 지원을 못 해준다는 걸 나중에야 알게 된다면 치명상으로부터 회복할 여유 시간이 없을지도 모른다. 먼저 질문하고 요구하는 게 더 효과적인 방법이다. 내가 더 안정적으로 살기 위해서는 비자나 영주권에 관한 지원이 필요하다고, 가능한 한 빨리 회사에 전하고 피드백을 받는 것이다.

회사 내의 승진도 비슷한 범주의 문제에 속한다.

'내가 열심히 일하면 알아서 승진시켜주겠지' 내지는 '승진시켜달라고 대놓고 말하기는 쪽팔려서' 차일피일 시간을 흘려보내는 경우가 적잖다. 그러다가 인사평가 시즌이 끝난 후에야 본인의 기대와 달리 승진을 하지 못하면서 마음이 상하는 케이스가 속출한다. 이런 사태를 미연에 방지하려면 매니저와 원온원(일대일, 1-on-1) 면담 시간에 주기적으로 커리어에 관한 멘토링을 요청하는 방법을 활용할 수 있다. 그러면서 본인이 다음 레벨로 나아가기 위해 무엇을 해야 할지 적극적으로 질문하는 식이다. 그래야 승진 여부를 결정하는 사람의 관점에서 승진 기준에 대해 알 수 있다.

실제로 야후나 유데미에서 일했을 당시, 팀원들 중에 커리어에 관한 주제에 관심을 표하는 사람들이 많았다. 진짜로 많았다. 일대일 면담을 하면 본인에 대한 피드백과 승진에 관한 의견을 지속해서 요청했다. 커리어에 대한 질문이 기본적으로 주를 이뤘다. 매니저 입장에서도 승진이나 고과에 관해 판단할 때 평소 커리어를 고민해 온 사람을 더 신경 쓸 수밖에 없다. "우는 놈 떡 하나 더 준다"는 속담이 실리콘밸리에서도 통한다.

결국 내가 나를 평가하지 않고 매니저의 의견을 듣고서 양측의 갭(차이)을 이해하는 작업이 필요하다. 그래야 그 간극을 줄여갈 방법을 모색할 수 있다. 시간 낭비를 줄이고 올바른 방향으로 노력을 기울일 수 있다. 이러한 작업을 해 보면 내 매니저가 (나에게) 잘 맞는 '좋은 매니저'인지 여부도 쉽게 알 수 있다. 좋은 매니저란 선의를 바탕으로 내게 도움이 되는 (때로는 이해하기 힘들더라도) 진심 어린 피드백을 주는 모습을 보일 것이다. 내가 일을 열심히 하면 매니저가 자동으로 잘해줄 것이라 믿지 말고, 커리어에 관해 의논하면서 피차 기대하는 바를 맞춰 보면 어떨까.

아직 취업을 준비하는 단계라면 혹시 본인이 채용 공고(Job Description, JD) 내 업무 사항과 요구 조건을 보고 스스로 부족한 점에만 초점을 맞추고 있진 않는지 점검해 보길 권장한다. 채용 공고와 비교해 본인을 낮게 평가하면 이력서를 내기 어려워진다. 이력서를 못 내면 시작 자체를 못 한다. 오히려 자신의 부족함을 채우려고 취업 준비를 위한 공부가 늘어나는 신박

한(!) 사태가 발생한다. 자기 검열이 심리적인 장벽을 둘러쳐 출발조차 못 하는 케이스다.

JD 속 요구 조건을 대충 30% 이상 맞춘다고 가정해 보면 어떨까. 일단 이력서를 내보자. 만일 본인이 신입이라면 2년 차 이상의 경험을 요구하는 곳에도 이력서를 제출해 보는 방식을 권한다. 이력서를 내지 않아서 아무 일도 생기지 않는 것보다는 이력서를 냈는데 떨어지는 편이 도움이 된다. 나의 이력서를 평가하는 주체는 내가 아니라 채용 담당자, 리크루터가 하는 일이라는 점을 염두에 두자.

종합하자면, 결국 내가 나를 평가해 자기 검열에 매몰될 경우 시간 낭비가 될 심산이 크다. 나에 대한 평가나 요청 사항은 매니저나 회사에 빨리 넘겨서 피드백을 빨리 받아보는 것이 여러모로 효과적이다. 이렇게 적극적으로 질문하는 방법이야말로 시간이라는, 가장 중요한 자원을 탁월하게 쓰는 방편이 아닌가 싶다. 특히나 겸손을 미덕으로 가르치는 문화권에서는 '일단 일을 잘하고 그 다음에 요구하자' 주의를 흔히 볼 수 있는데, 무조건적인 겸양이 항상 최고의 덕목은 아니라는 점을 기억하자.

이 교훈은 비단 미국에서 일하는 동아시아권 출신에게만 국한된 이야기가 아니다. 한국에서 일하는 사람들에도 적용된다. 자신의 선택을 스스로 가로막으면서 '아직 부족하다'고 다그치는 데 매달려선 효과적으로 일할 수 없다. 실제 의사결정권자를 찾아서 그 사람으로부터 의견을 받아야 한다. 대화를 통해 내 현재 상황을 파악하고, 궁극적으로 가야 할 방향을 찾아 움직여 보면 어떨까. 질문은 열심히만 일했다가 놓칠 수 있는 간극을 좁히는 핵심적인 스킬이자 태도다.

## 어떻게 질문을 하면 좋을까

효율적으로 일하며 인정받고 싶다면 '질문 요정'이 돼야 한다. 역으로 리더라면 질문 요정을 독려하는 환경을 조성해야 한다. 질문이 자유로운 환경에서 조직 내 신뢰가 싹튼다. 건강한 토론(충돌)이 장려된다.

이를 통해 이뤄진 의사 결정은, 설령 자신의 의견과 달라도 거기에 다 함께 헌신하는 부수적인 효과도 얻을 수 있다. 여러모로 팀 전체의 이해도와 관여도를 높이는 장치가 된다.

질문 요정이 되려면, 질문 요정을 권장하려면 질문 자체에 대한 스킬이 필요할 테다. 질문을 효과적으로 해야 그 효능을 배가시킬 수 있기 때문이다. 질문으로 물꼬를 터 매니저와 "잘" 대화하고 피드백을 받으면 여러모로 성장하는 데 도움이 된다. 그러니 '질문을 잘하는 방법'에 대해 짚고 넘어가려 한다. 질문을 잘하는 방법에는 크게 3가지, 어린아이처럼 질문하는 것과 자기가 이해한 대로 질문하는 것, 인공지능에 질문하는 것이 있다.

## 질문 잘하는 방법 1: 어린아이처럼 질문하기

아이를 키워본 사람들이라면 안다. 어린아이들은 주변 상황에 구애받지 않는다. 본인이 모르는 것에 대해 계속 질문한다. 하지만 나이가 들면서 자기 검열이 시작된다. 혹시 남들이 다 아는 내용을 나만 모르는 게 아닐까 눈치를 본다. 그러다 보니 어린아이와 같은 질문을 하기 어려워진다. 누구도 본인의 무식함을 드러내는 질문을 하고 싶어 하지 않는다.

그럼에도 순진한 어린아이처럼 질문하는 사람이 아예 없는 건 아니다. 기본적인 개념이나 용어의 의미, 기본 가정을 묻는 식이다. '내가 모른다면 남들도 모를 것'이라고 정신승리(!) 하면서 호기심을 바탕에 깔고 물어보는 자세다. 그렇게 하면 확실히 여러 가지 이점을 얻는다.

먼저 어린아이 같은 질문은 설명을 맡은 주체가 본인의 설명 방식을 한 번 더 검토해 보게 하는 계기를 제공한다. 그 설명을 같이 듣고 있던 다른 사람들에게는 질문을 덜 주저하게 하는 효과로 이어진다. 예를 들어 팀 내에서 통용되는 약어가 있다고 해보자. 새로 들어온 입사자라면 그게 무슨 의미인지 모를 텐데, 이 약어에 대한 사전 설명 없이 미팅이 진행된다면 당사자는 이해하기 어려울 수밖에 없다. 전체적인 논의에 대한 이해도도 떨어질 테다.

만일 이 사람이 순진하게 이 용어에 관해 설명해

달라고 질문한다면 어떨까. 그 약어의 의미를 몰랐던 다른 사람들에게 다행임은 물론이고, 당연하게 그 용어를 통용했던 사람들에게도 아차 싶은 교훈의 순간이 될 수 있다. 새로 들어온 팀원이 있을 때 약어, 팀 내에서 특별한 의미로 쓰는 용어를 주의해야 한다는 걸 파악하게 된다. 예시를 들어보자.

나: "… ETL이 어쩌고저쩌고…. ETL을 잘 작성하려면…"

질문자: "죄송한데 혹시 ETL이 무엇인지 설명해주시면 감사하겠습니다."

나: "아이고. 제가 약어를 너무 당연하게 설명했습니다. ETL이란 'Extract Transform Load'의 첫 글자를 딴 약어입니다. 어떤 회사 데이터 시스템에서 외부에 있는 데이터를 시스템 내부로 가져오는 프로세스를 말합니다. 데이터 파이프라인이라고 부르기도 합니다. 좋은 질문 감사드립니다. 혹시 제가 여러분이 모르는 용어를 쓴다면 꼭 질문 주세요!"

어린아이처럼 호기심을 갖고, 체면 차리지 않고 궁금한 걸 물어보는 것. 질문을 잘하는 훈련의 첫 단추라 할 수 있다. 의식적인 연습이 필요하다. 반복해서 동일한 질문을 하는 것만 아니라면 나쁜 질문은 없다. 이 점을 리더가 강조하면서 질문을 장려하는 노력이 뒤따라야 한다. 이렇게 '순진하게' 질문하는 사람이 한 명만 있어도 팀원들이 전체적으로 질문에 대한 자기 검열을 덜어낼 수 있다. 분위기가 좋아진다.

**질문 잘하는 방법 2: 자기가 이해한 대로 질문하기**

질문을 잘하는 사람들의 또 다른 특징이 있다. 그들은 "다시 설명해달라"고 하지 않는다. "본인은 이렇게 이해했다"고, 본인이 이해한 게 맞느냐고 묻는다. 의역(Paraphrase)의 기술이다.

내가 지금까지 봤던 소위 '질문을 잘하는 사람'들은 본인이 이해한 대로 다시 질문을 하거나 설명하려 시도한다. 답변을 하는 사람 관점에서는 이런 식의 질문들에 대답하기 더 수월하다. 질문자의 해석을 들으면서 되레 배우기도 한다. 일례로, '내 설명 방식으로는 이런 오해가 있을 수 있겠구나' 깨닫고, 그 부분을 명확하게 이야기해 바로잡을 수 있다. 다음에는 설명을 다르게 준비할 것이다. 최근에 내가 진행했던 커리어 토크에서 들었던 질문을 예로 들겠다.

> **나:** "커리어에서 평판이란 굉장히 중요합니다. 평판이 좋은 사람이라면 잠깐 쉴 때 옛 동료들로부터 오히려 생각하지 못했던 기회가 올 수 있습니다."

> **질문자:** "제가 이해한 것이 맞는지 확인 부탁드리려고 합니다. 평판이 좋을 경우 본인이 쉬고 있을 때 옛 동료들로부터 연락이 와서 기회가 생길 수 있다, 그러니 내가 쉬고 있다는 것을 적극적으로 광고하는 것이 좋다고 이해했는데 어떻게 생각하시나요?"

> **나:** "먼저 좋은 질문 감사드립니다. 맞게 이해하셨고, 다음에는 저도 방금 설명해 주신 표현을 사용해야겠습니다☺"

## 질문 잘하는 방법 3: 인공지능과의 질문 훈련

챗GPT(ChatGPT)를 비롯한 대화형 AI를 많이 사용하는 사람이라면 내가 얼마나 구체적으로 물어보느냐, 또 친절하게 물어보는지 여부가 답변의 퀄리티를 바꾼다는 걸 체감한다. 이렇게 질문의 기술이 중요해지다 보니 프롬프트 엔지니어와 같은 새로운 직종도 생겨나고 있다. 예를 들어 챗GPT에 본인이 원하는 것과 원하지 않는 것을 아래와 같이 체계적으로 물어볼 수 있다.

> "당신은 [역할] 전문가로서, [작업]을 해주는데 답변은 [형식]을 사용하고 [톤]으로 해줘. 목표는 [목표]를 달성하는 것인데 여기에는 이런 [제한사항]이 있어. 고마워"

각 괄호 안을 채워서 하나의 예문을 만들어 보겠다.

> "너는 고객 서비스 전문가로서, 제품의 배터리 수명에 대한 고객 문의에 대한 답변을 이메일 형식으로

만들어야 해. 친절하고 상세한 톤으로 작성해 줘.
목표는 고객이 제품의 배터리를 최적으로 사용하
는 방법을 이해하도록 돕는 것이며, 기술적인 용어
사용을 최소화하는 것이 제한사항이야. 아래 우리
제품 배터리 수명에 관한 글을 참고해 줘. 고마워"

[ ...배터리 수명에 관한 무미건조한 안내문... ]

이처럼 기계에게 적절한 질문을 던져 효과적으로 답
변을 받는 연습을 할 수 있다. 챗GPT가 사람이 아니
기 때문에 감정이 없다고 생각할지 모르지만, 고맙다
는 표현이나 간절함을 드러낼 경우 답변의 퀄리티를
올리는 데 도움이 된다는 후기들이 있다. 인간과의
대화라고 가정하고서 첫 답변에 아쉬운 부분을 보완
하고자 조금 더 구체적으로 추가 질문을 건네는 트레
이닝을 할 수 있다. 그러면서 원하는 결과에 다가간
다. 사람을 붙잡고 이러한 '질문 훈련'을 하긴 쉽지 않
지만 챗GPT와는 언제든 연습 상대가 돼 준다.

개인적으로 챗GPT로 모의 대화 훈련을 하기도 한

다. 예컨대 중요한 상대방과 조금은 어려운 대화를 앞두고 있을 때 그 상황을 챗GPT에게 설명한다. 그 상대방의 역할을 수행해달라고 입력한 다음 모의 대화를 진행한다. 대화가 끝난 다음에 챗GPT에게 앞선 대화의 어떤 부분을 개선할 수 있을지 알려달라고 질문할 수 있다.

생성형 AI의 시대에는 적절히 구성된 구체적인 질문이 AI의 방대한 지식과 계산 능력으로부터 원하는 결과로 이끄는 운전대 역할을 한다. 반대로, 모호하거나 구조가 불분명한 질문은 동일하게 모호하거나 너무 일반적인 답변으로 이어진다. "쓰레기를 넣으면 쓰레기가 나온다"(Garbage in, garbage out)는 격언을 기억하자. 질문의 의도와 명확성이 답변의 품질에 영향을 준다는 점은 인간 사이의 대화나 생성형 AI와의 대화 모두에 적용된다는 점에서 시사하는 바가 크다. 앞으로도 질문(프롬프트)을 장려하고 적극적으로 연습하는, 잘하는 것이 중요해질 것이다. 학교 교육의 일부가 돼도 손색이 없을 정도다.

## 간절함은 '질문 요정'을 만든다

위에 언급한 방법 외에도 질문을 잘하는 법, 그리하여 본인이 맡은 소임을 잘하는 방법은 여러 가지가 있겠다. 그 근간이 되는 힘은 간절함에서 나온다고 생각한다. 예시를 들어보겠다. 미국에 오기 전까지 나는 영어 회화를 공부해 본 적이 없었다. 해외에서 살 것이라고 한 번도 생각해 보지 않았기 때문이다. 그러다가 31살에 미국으로 삶의 터전을 옮겼으니 영어가 익숙할 리 없었다. 특히나 미국이 아닌 다른 문화권의 영어 악센트를 알아듣는 데 큰 어려움을 겪었다.

그러다 보니 인도계 팀원, 혹은 중국계 팀원이 많은 회의 시간에는 회의 내용을 놓치는 경우가 많았다. 이럴 때 간절함의 힘이 진가를 발휘한다. 스스로 명확하게 이해하지 못 한 부분을 손을 들어서라도 물어봐서 확인했다. 혹은 미팅이 끝난 후 미팅을 이끈 당사자에게 따로 찾아가 내용을 물어보기도 했다.

어찌 보면 내가 못 알아듣는다는 게 들통나 창피할 수도 있겠지만, 당시 내게는 절박함에 준하는 간절함이 있었다. 앞서 소개했듯 야후에 입사하기 직전 내 상황은 썩 좋지 않았다. 처음에 합류했던 스타트업은 헐값에 팔렸고, 그다음 창업은 망했고, 그래서 첫 스타트업으로 돌아갔더니 내 사업부가 정리돼 버렸다. 그 사이 첫 아이가 태어났다. 여전히 취업비자로 버티고 있던 내 신분은 결코 안정적이지 않았다. 순탄하지 않았던 미국 직장생활은 '잘하고 싶다'는 욕망, 간절함으로 이어졌다. 덕분에 야후에서 인정받아 성장할 기회를 얻을 수 있었다고 본다. 인생사 새옹지마다.

감사하게도 간절함에서 비롯된 '영어 질문 요정'에게 주변 동료들은 친절을 베풀었다. 나 또한 처음에는 질문을 하는 자체를 어려워 했지만, 계속 사소하고 기본적인 질문을 건네는 과정에서 많은 도움을 받을 수 있었다. 진정성에서 우러나온 간절함은 논리를 뛰어넘는 설득력을 갖고 있다는 걸 배웠다. 간절함은 강력한 데 비해 과소평가 된 스킬이 아닌가 생각한다.

간절함 또한 태도의 변화와 의식적인 훈련으로 점차 체화할 수 있다. 멋있게 보이려고 질문하는 게 아니라 '잘하고 싶다'는 진심으로 최선을 다해 질문에 매진해 보면 어떨까. 모르는 것을 혼자 끙끙대지 말고 주변에 물어보며 도움을 요청하는 연습을 해보자. 당연히 주니어 직장인에게도 중요하지만 업무를 처음 맡았거나 새로운 환경에서 시작하는 모든 경력자, 경영진에게도 적용되는 이야기다. 간절함을 자신의 차별점으로 강화해 보길 바란다.

## 주기적인 회고와 실행의 루프

질문은 매니저에게, 채용 과정에서, 팀 내에서만 중요한 게 아니다. 나 자신에게 하는 질문도 지속해서 성장을 일구는 데 필수 조건이다. 커리어를 위해 적극적으로 질문하는 태도를 유념해야 한다면 앞으로 내가 어떤 선택을 할지, 어떤 사람이 되고 싶은지 등등, 나를 향하는 질문도 꼭 필요하다. 한 주, 한 달, 1년, 5년, 10년에 걸쳐 장기적으로 방향을 결정하고 계획적으로 나의 길을 가는 데 내비게이션 역할을 하는 질문에 관해서도 짚어보려 한다.

커리어의 방향성을 잡는 질문은 크게 2가지로 나뉜다. 장기적인 관점과 단기적인 관점이 있다. 장기적인 관점은 수년에서 수십 년에 걸쳐 긴 시간을 두고 회고하는 질문이라 볼 수 있다. 단기적인 관점은 주, 월 단위로 회고하는 질문법이다. 두 가지 회고는 질문의 내용부터 달라진다. 전반적인 프레임워크도 달리한다. 오랜 기간 꾸준히 성장하며 일하려다 보니 나 자신을 향하는 질문도 나름의 체계를 갖추게 됐다.

**장기적 관점: 모험하기와 파고들기(Explore & Exploit)**

커리어에 관한 장기적인 관점에서 주변에 많이 했던 조언은 "Explore & Exploit", 모험하기와 파고들기다. 커리어를 전반기와 후반기로 나눈다면 전반기에는 다양한 경험을 탐험해 보면서(Explore) 내가 누구인지, 무엇을 즐기고 무엇을 잘하는지 질문하는 시기로 설정한다. 후반기에는 앞서 스스로 건넨 질문에 나름의 답을 달아보면서 내가 잘하는 것, 즐기는 것 중심으로 파고들어 보라고(Exploit) 권한다.

이 프레임워크는 'Multi-Armed Bandit'(MAB)이라

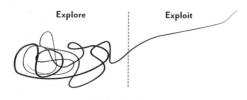

**Explore & Exploit**
커리어 전반기에는 모험을, 후반기에는 몰입을 위한 질문을 해보자.

는 알고리즘에 기반을 둔 아이디어다. 이 알고리즘 자체는 불확실한 환경에서 결정을 내리는 데 사용된다. 카지노에서 슬롯머신으로 도박을 할 때, 처음에는 다수의 슬롯머신에 조금씩 돈을 써보면서 승률이 높은 기계들로 좁히는 전략을 쓸 수 있다. 뽑기 기계를 정했다면 남은 돈을 거기에 쓰는 접근법이 아주 단순화한 MAB와 닮았다고 할 수 있다.

MAB는 아이템 기반 추천 알고리즘에 많이 적용된다. 쿠팡 같은 이커머스 서비스의 경우 이제 막 회원 가입을 한 신규 사용자의 사용 기록이 없다. 그렇다 보니 이 사람이 무엇을 좋아하거나 싫어하는지 모르는 상태다. 그래서 처음에는 이것저것 랜덤하게 상품을 추천해 준 다음 신규 유저의 클릭, 쇼핑카트 추가, 구매 등 반응을 살핀다. 그 데이터를 중심으로 추천 범위를 좁혀간다. 즉, 사용자의 선호도를 파악하는 데 시간을 먼저 쓰고(Explore), 선호도가 어느 정도 파악된 다음에는 좋아하는 것 중심으로 파고드는(Exploit) 알고리즘 방식이다.

나는 이러한 접근법을 커리어에도 접목할 수 있다고 본다. 개인적으로 커리어 전반기에 했던 다양한 경험(탐험)을 통해 내 나름의 해답을 몇 가지 찾았다. 나는 작은 회사가 좀 더 잘 맞는구나, 전략을 짜는 것보다는 일을 직접 실행하는 것이 적성에 맞는구나 등등 깨달았다. 커리어 후반기에는 그간의 경험을 질문에 대한 답변으로 삼아서 '성장하는 스타트업'을 중심으로 직장생활을 했다. 유데미, 폴리보어 같이 빠르게 성장하는 스타트업에서 내 강점을 살렸다. 연봉보다는 스톡옵션을 받고, 나중에 이로부터 수익을 실현하면서 커리어 하반기를 '나에게 집중하는 시간'으로 삼는 발판을 마련했다.

100세 시대에는 어쩌면 "모험하기와 파고들기"라

는, 커리어에 관해 질문하고 집중하는 사이클이 자주 찾아올지도 모른다. 그럼에도 장기적인 관점으로 하는 회고의 주기는 상당히 길다고 볼 수 있다. 그래서 조금 더 단기적으로, 더 구체적으로 본인의 사고방식과 행동에 관해 자문하며 나만의 관점을 만들어가는 과정이 따로 수반된다. 단기적으로 "행동과 몰두와 회고"의 루프(고리)를 통해 나 자신에게 질문하고 답변을 얻는 습관을 만들어 볼 수 있다.

## 단기적 관점: "행동과 몰두와 회고"(AIR) 루프

장기적으로 내 삶의 방향성에 대한 답변을 도출했다 하더라도 그 자체로 구체적인 지침이라 보긴 어렵다. 그러므로 매일, 매주, 매달 단위로 "실행하고 집중하고 질문하는" 사이클을 굴려야 한다. 그러지 않으면 먼 미래를 보며 고민에만 빠지기 십상이다. 자칫 나의 부족함만 보느라 자기 검열에 빠질 우려도 있다. 질문과 행동을 연결 짓지 않으면서 시간을 낭비하는 악순환이 펼쳐진다. 그걸 방지하기 위해 단기적으로 행동 목표를 정한 후 질문을 통해 항로를 조정하는 루프를 반복한다. 설명하자면 다음과 같다.

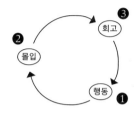

Action → Immersion → Retrospective

❶ 일단 목표를 행동(Action)으로 옮긴다. 그래야 몸으로 배운다.

❷ 이왕이면 그 과정에 최대한 몰두(Immersion)해 보려 한다. 목표를 이루는 데 필요한 기술을 따로 익히기도 한다.

❸ 주기적으로 회고(Retrospective)를 한다. 앞서 행동과 몰두의 단계에서 어떤 지점이 좋았고, 어떤 부분이 아쉬웠는지 나 자신에게 질문하며 글로 써 본다. 그에 대한 답변을 바탕으로 어떤 부분을 조정할지 정한다.

❹ 다시 처음 1번(Action)으로 돌아간다. 때에 따라 목

표를 새로 정하고서 1번으로 회귀한다.

이미 회사에 다니고 있다면 단기 목표를 의외로 간단하게 정할 수 있다. 일단 조직 내에서 질문과 피드백, 의사소통을 통해 적절히 문제를 정의해야 한다. 질문을 거쳐야 본인이 집중할 업무를 찾을 수 있다. 취업 준비를 하고 있다면 그와 관련된 과업들(ex: 어떤 직군을 지망하는지, 무엇을 공부할지, 이력서 작성하기, 채용 공고에 지원하기 등)을 단기 목표로 세우고 하나씩 실행하면서 경험이라는 데이터를 축적할 수 있다.

'행동(Action)→몰두(Immersion)→회고(Retrospective)'로 요약되는 소위 AIR 루프를 통해 나 자신에게 적극적으로 질문하는 습관을 만들어야 한다. 이 습관이야말로 복리 활동의 결정체다. 여기에 더해 내 판단에 대해 질문을 건네주는 멘토, 나를 지원해주는 커뮤니티가 있다면 금상첨화다. 나의 성장을 지원해주는 서포터들이 주변에 있다면 가끔 기세가 꺾였을 때도 그들을 만나 힘을 되찾거나 격려를 받을 수 있다. 다시금 적극적으로 질문에 나설 에너지를 얻는다.

## 질문하는 습관을 자동화 하는 법

적극적으로 질문하고, 실행을 통해 답을 찾아가는 습관은 지속할수록 내게 도움이 되는 자산이라 할 수 있다. 하지만 처음부터 질문과 실행을 꾸준히 하는 사람은 드물다. 질문과 실행을 통해 차근차근 성장하는 단계까지 도달하는 데 아무래도 시간이 걸린다는 뜻이다. 그러다 보니 중간에 포기하는 경우도 적잖이 볼 수 있다. 바빠져서, 열정이 식어서 원래 삶의 패턴으로 돌아간다. 나 자신을 '동기부여가 약한 사람'이라고 결론지으며 고정관념을 쌓는 우를 범하기도 한다.

동기부여보다는 환경을 조성하는 게 관건이라고 생각한다. 내가 이루고자 하는 목표에 다가가는 데 필요한 질문, 거기에 뒤따르는 행동을 습관으로 자리매김하는 시스템을 만들어야 한다. 나약한 인간이 본인의 강력한 동기부여만을 믿을 수 있을까. 나 자신을 탓하지 말고, 내가 도착하려는 목적지에 매일매일 다가가는 습관을 형성해야 한다. 그러려면 그 습관을 유지하기 쉽도록 주변 환경부터 챙겨야 한다.

다이어트를 하고 싶은데 집 냉장고를 포함한 주변에 먹고 싶은 음식이 넘친다면 어떨까? 내가 어울리는 사람들이 항상 음식 이야기만 한다면? 결코 다이어트를 습관으로 만들기 좋은 환경이라 할 수 없다. 즉, 나를 바꾸는 좋은 습관을 들이고 싶다면 적어도 습관을 정착하기 전까지 거기에 적합한 환경을 찾아야 한다는 의미다. 일과 삶의 지속 가능한 성장을 위해 적극적으로 질문하고 행동하는 하루를 '자동화'하는 작업이 필요하다고 이해할 수 있다. 꿈의 크기가 아무리 크다 해도 꾸준함 없이 그 꿈을 이룰 순 없다.

질문이라는 습관 또한 거창하게 시작하려 하면 포문조차 열지 못 할 수 있다. 그보다는 '짧게, 자주' 시도하는 데서 출발하면 어떨까. 질문에서 행동으로 이어지는 루프를 내 몸에 장착하기 위해 작고 사소한 순간들을 축적해야 습관을 형성할 수 있다. 예를 들어 책 읽는 습관을 들이고 싶다고 해보자. "2시간 이상 책을 읽어야지" 다짐할 경우 절대 그 시간을 낼 리없다. 자기 전에 한 페이지라도 읽기, 지하철에 타서 앉아있는 동안 읽기 등등 구체적인 기준, 사소한 약

속에서 출발하는 게 유리하다. 개인적으로는 컴퓨터, 태블릿 말고 종이책, 전용 E북 리더를 활용하려 한다. 책 읽는 도중에 이메일이나 소셜미디어를 확인하며 삼천포로 빠질 확률을 낮추기 위함이다.

　습관을 내재화하는 데 사용해 볼 만한 테크닉으로 '습관 쌓기'(Habit Stacking)를 추천한다. 습관 쌓기는 『아주 작은 습관의 힘』(Atomic Habits)이란 책에서 설명한 프레임워크다.⑦ 나에게 있던 기존 습관 중에서 좋은 습관, 중립적인 습관을 수행하고서 그 뒤에 새로이 습관을 들이고 싶은 행동을 이어서 해보는 방법이다. 기존 습관을 일종의 큐(출발 신호)로 활용한다. 예컨대 아침에 커피를 마시고 여기에 뒤이어 독서하는 습관을 쌓을 수 있다. 적용하자면 아래와 같다.

❶ 아침에 커피를 마신다.

❷ 시간이 허락하는 만큼, 책을 한 페이지라도 바로 읽는다.

제임스 클리어, 『아주 작은 습관의 　⑦ 힘』, 비즈니스북스, 2019.02.26.

나는 이 습관 쌓기 테크닉을 주간 회고에 사용한다.
일요일 오전에 커피를 마신 후 무조건 지난 한 주를
회고한다. 이 습관은 2008년부터 만들어져 지금까지
(아프거나 여행 등으로 일정이 맞지 않는 상황을 제외하고는) 꾸
준히 실천하고 있다. 내 커리어 성장과 행복의 근간이
라 생각한다. 다음과 같이 습관을 쌓았다.

❶ 일요일 오전에 커피를 마신다
❷ 주간 회고를 시작한다. 좋았던 점들, 아쉬웠던
  점들, 기타 생각들을 자문하며 생각나는 대로
  글로 쓴다.

처음에는 위와 같이 간단하게 질문하는 회고를 시작
했다. 요즘은 다음과 같이 표를 만들어 회고 글쓰기
를 한다. 꼭 커리어에 관한 내용만 적지 않는다. 배우
자나 가족 등 일상생활을 포함한 내 삶 전반에 거쳐
가리지 않고 자문한다. 이유인즉슨, 일과 삶을 칼로
무 자르듯이 나눌 순 없기 때문이다. 이 회고 활동은
나 자신을 객관적으로 바라보는, 일종의 메타인지 활

동에 해당한다. 혹시라도 나도 모르는 상처를 가졌는
지, 과거의 경험과 지식에 빠져 새로운 변화를 보지
못 하고 놓치고 있지 않는지 자문자답하는 것이 핵심
이다.

| 좋았던 점 | 아쉬웠던 점 | 기타 |
| --- | --- | --- |
| 왜 좋았나? | 왜 아쉬웠나? | 다른 떠오르는 생각 기록 |
| 어떻게 하면 이걸 지속할 수 있을까? | 다음에는 어떻게 해야 덜 아쉬울까? | |
| 더 좋은 방법이 있을까? | 사람에 대한 미안함이 있다면 미안하다고 혹은 고맙다고 이야기할 기회 만들기 | |

아쉬웠던 점을 회고할 때 핵심은 '나라는 사람은 부
족하다'고 여기면서 스트레스를 받지 않는 것이다.
회고의 기본은 부족한 나 자신을 있는 그대로 받아들
이면서 점진적으로 발전하는 나를 만들어 나가는 것
이다. 개인적으로는 아쉬웠던 점에 대해 스스로 질문

할 때 혹시라도 인간관계에서 내가 실수한 부분이 있는지 좀 더 신경 쓴다. 혹여나 내가 말실수하진 않았는지, 미팅 때 상대방 의견이 더 좋았는데 그걸 놓쳤는지 등을 살핀다. 실수를 인지하면 미안함과 고마움을 따로 표현하려 한다. 가족 관계에도 예외는 없다.

나 자신에게 질문하는 회고 활동을 통해 나는 무엇을 얻었을까. 나의 부족함에 짓눌려 조급해지지 않는 균형감각을 기를 수 있었다. 질문을 삶의 일부로 받아들이면서 스스로 부족함을 인정하고 개선점을 생각하는 건강한 사고회로를 켜는 기회를 마련했다. 회고 글들을 볼 때마다 오랜 시간 발전해 온 나의 모습(복리 효과)을 확인할 수 있어서 더욱 기운이 난다. 질문을 통해 얻은 답변을 글의 형태로 다듬어 소셜 네트워크에 올리는 것 또한 습관으로 자리잡았다. 그 덕분에 글쓰기 실력도 꾸준히 늘고, 소셜미디어 채널이라는 생각지 못한 소득을 얻을 수도 있었다.

여러모로 질문은 이롭다. 조직에 적응하는 데도, 의사결정권자와 나의 시야를 일치시키는 데도, 회사가 한 방향으로 의기투합하는 데도 질문이 윤활유 역할을 한다. 나 자신에게 건네는 질문은 나침반을 보며 항해를 이어가는 것과 같다. 그러니 자기 검열의 껍데기를 깨고 나와 질문의 세계로 들어오길 바란다. 질문을 잘하는 방법을 고민해 보고, 질문의 기술을 연습하면서 '질문 요정'이 될 때 지속해서 업데이트되는 나 자신을 발견할 수 있다.

질문과 실행을 습관으로 장착하면 여러모로 살아가는 데 보탬이 될 것이다. 당신이 가진 습관이 결국 당신이 어떤 사람이 될지, 정체성(Identity)을 결정해 준다고 믿는다. 그러니 본인의 동기부여에 기대 습관이 형성되길 기대하지 말고, '자동화'할 수 있는 환경을 세팅하길 추천한다. 우리는 목표의 수준에 맞춰 발전하는 게 아니라 습관이라는 시스템 수준에 맞춰 발전한다. 그렇게 적극적으로, 일상적으로 질문하고 실행 방안을 세워 행동에 옮기는 습관이 기나긴 커리어 여정에 든든한 동료가 돼 줄 것이다.

# 4장

## 뒤돌아볼 줄 알아야 살아남는다

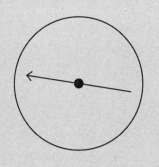

## 수능 공부 하듯 살고 있나요?

"얼마나 공부를 해야 하나요?" 취업을 준비하는 젊은 친구들과 이야기를 하다 보면 흔히 나오는 질문이다. 가슴이 콱 막히는 슬픈 질문이다. 요즘(2023년 말 기준) 처럼 경기가 나쁠 때는 특히 취업하기 힘들어진다. 신입이나 주니어에게 특히 그렇다. 미국도 매한가지다. H-1B 지원을 통해 비자 문제를 해결해야 하는 외국인 학생들의 경우 경기가 나빠지면 취업문이 좁아지면서 본의 아니게 본국으로 돌아가야 하는 경우가 발생한다. 2007년 글로벌 금융위기 당시 미국에서 취업을 하지 못 한 채 한국으로 돌아간 사람들이 꽤 있었다. 지금 그 현상이 반복되고 있다.

불확실성을 키우는 요소는 이 뿐만이 아니다. 인공지능이 생각보다 빠르게 발전하면서 수많은 직업이 사라진다는, 새로운 직업이 생길 것이라는 예측이 나온다. 이러한 변화의 속도를 대학 교육이 따라잡지 못 한다는 사실은 명백해 보인다. 그러다 보니 의문이 든다. 우리가 그동안 굳게 믿었던 대학과 전문성의 의미는, 가치는 앞으로도 영원할까?

우리가 익히 접하는 대학 교육, 전문성의 정의는 평생직장이라는 개념이 유효했던 과거에 규정됐다. 더군다나 수능과 같이 정답이 정해져 있는 시험에 익숙해지면 취업과 입시의 다름을 이해하지 못하게 된다. 대학 입시처럼 1~2년간 취업 준비를 해서 대기업에 들어가거나 자격증을 취득하는 것을 목표로 설정하는 게 당연해진다. 물론 수능은 과목과 답안이 정해져 있다. 시험 날짜도 정해져 있다. 그렇기 때문에 입시를 준비하는 변동성이 비교적 적다. 하지만 취업에는 훨씬 많은 변수가 끼어든다.

취업과 입시의 가장 큰 차이점이 무엇일까. 대학은 인생에 보통 한 번 다니고 만다. 하지만 이제 막 커리어를 시작하는 경우 적어도 10여 개 회사에 다닐 것이라는 관측이 제기된다. 즉, 어디서 시작하건 처음

들어간 회사는 앞으로 내가 다닐 회사 중 하나일 뿐이다. 큰 어려움 없이 큰 회사에서 커리어를 시작할 수 있다면 문제가 없겠지만, 그 타이틀을 따서 안전하게 전문성을 쌓아 오래 다닐 수 있다는 믿음은 불확실하고 위태롭다. 그것만 바라보며 달려갈 경우 리스크가 커진다. 기술의 급속한 발전과 맞물려 불확실성이 커지는 세상에 좁고 깊게 하나만 파는 것이 무조건 전문성으로 연결된다고 보장할 수 없다.

그러니 커리어를 마치 수능처럼 여기는 프레임에서 빨리 벗어나야 한다. 오래 공부해서 한 큐에 큰 회사에 가면 커리어가 완성된다는 기대에서 탈피해야 한다. 빨리 실전에 돌입해서 돈을 벌고, 거기서 성장해서 본인이 추구하는 그 다음 단계로 옮기겠다고 관점을 전환하면 어떨까. 요즘처럼 빠르게 바뀌는 세상에 이것이야말로 생존 전략이라고 본다. '성장'하는 곳, 그리고 '사람'이 좋은 곳이 곧 좋은 회사다. 회사의 크기가 전부가 아니다. 가능한 한 취업 관련 공부에 매몰되지 않고 공부와 취업 활동(이력서 작성, 지원, 면접 등등)을 병행하는 게 현명하다고 말하는 이유다.

"선행학습의 늪에 빠지지 말라"는 조언은 경력자에게도 유효하다. 학습하는 습관 그 자체는 중요하지만, 맹목적으로 기술이나 스킬의 트렌드를 쫓으면서 공부하는 것이 전문성으로, 내 커리어를 안전하게 만드는 방편으로 여겨져선 곤란하다. 차라리 앞서 강조했던 "질문 잘하는 법"을 익히는 연습을 하는 게 장기적으로 이득이 될 테다. 커뮤니케이션을 통해 문제를 정의하는 경험, 팀 플레이어로 영향력을 얻는 과정, 공동의 이익을 위해 행동하고 생각하는 자질. 이러한 역량은 혼자 책으로 공부하고 준비해서 갖추기 어렵다. 그보다는 타인과 부딪치며, 실수하며 배울 수 있다.

그러므로 선행학습의 방식과 목적을 조정할 줄 알아야 한다. 변화에 대비하는 '공부'는 입시를 준비하듯이 하는 게 아니라 끊임없이 그 과목과 과정을 바꾸는 학습 그 자체라고 생각한다. 이처럼 빠르게 현장을 경험하면서 사람들과 함께 일할 때만 배울 수 있는 스킬을 연마하는 것이 우리가 진정 공부해야 할 덕목이다. 교과서에, 화면 속에 고정돼 있는 배움은 인공지능이 더 잘하지 않겠나. 이제는 수능 공부에서 벗어나 학습 그 자체를 습관으로 체득할 때다.


## '대기업은 안전하다'는 환상

담대하게 변화를 받아들이기란 당연히 쉽지 않다. 그렇다 보니 대다수 취업준비생은 대기업에 입사하고 싶어 한다. 이유를 물으면 대체로 안정적이라서, 체계적으로 배우고 싶어서, 전문성을 쌓고 싶어서 대기업을 선호한다는 답변을 받는다. 과연 큰 규모의 회사가 체계적으로 일을 배우고 전문성을 쌓는 데 제격이라 할 수 있을까? 도리어 거대한 시스템의 작은 일부분을 맡아 오랫동안 일하는 게 아닐까. 이를 전문성이라 부르기 애매해 보인다. 그보다는 그 시스템에 최적화된다고 표현하는 것이 맞지 않을까 싶다.

이러한 논의에도 불구하고 커리어상 대기업이 안전하다는 로망은 여전히 쉽게 찾아 볼 수 있다. 대기업 재직을 희망하는 경향은 꼭 취준생에 국한되지 않는다. 경력자 멘토링을 하다 보면 자주 나오는 이야기가 (대기업에 다니지 않는) 본인의 경력이 "물경력"
이라는 고민이다. 대기업에서 일해보지 않았기 때문
에 본인이 제대로 역량을 갖췄는지, 커리어에 맞는
경험을 쌓아왔는지 의문이라는 뜻이다. 내가 3년 동
안 가르쳤던 데이터 엔지니어링을 주제로 예를 들어
보겠다.

데이터 엔지니어의 경우 첫 회사가 작은 곳이라면
꼭 이런 걱정을 한다. 지난 몇 년 동안 소소한(?) 데이
터만 처리했다는 걱정이다. 백엔드 혹은 프론트엔드
개발자라면 지금 시장에서 많이 쓰이지 않는 오래된
프레임워크로 개발을 해왔다고 걱정한다. '난 지금 N
년차인데 연차에 맞는 능력이나 경험을 갖추고 있는
지 모르겠다' '지금까지 한 일을 이력서에 적어도 될
지 모르겠다' 등등 커리어 고민이 끝이 없다.

이러한 불안감을 파고 들어가 보면 2가지 염려를
마주한다. 첫째, 현재 소규모 기업에서는 본인을 지
도해주는 시니어가 없다. 그러니 내 마음대로 하고
있다. 스스로 잘하고 있는지 모르겠다. 막연하다. 둘
째, 내 업무(ex: 개발자라면 "개발" 업무)만 하고 싶은데 스

타트업이나 중소기업에서 온갖 종류의 일들을 해야 한다. 프로젝트 리드를 포함해서 품질보증(QA), 고객 지원 등등 내가 맡게 되는 업무가 다양해진다. 이게 본인 이력에 도움이 되지 않는 것 같다는 우려가 생긴다.

해결책으로 보통 떠올리는 게 '대기업 이직'이다. 대기업으로 자리를 옮기면 나보다 경험이 많은 사람들로부터 일을 제대로 배우면서 내 핵심 업무에만 집중해 성장할 수 있지 않을까 기대한다. 이 로망은 꼭 한국에 한정된 것으로 보이지 않는다. 실리콘밸리에서도 작은 회사만 다녀본 사람들은 구글과 같은 빅테크 회사에 대해 비슷한 이유로 환상을 가진다.

당연히 그 로망은 일부 들어맞는다. (두 가지 유형의 기업에 모두 다녀본 경험으로 미뤄볼 때) 일반적으로 대기업의 시스템이 소기업의 것보다 탄탄하게 구축돼 있다. 시니어 팀원들도 많다. 그러다 보니 내가 맡은 일에 대한 의사결정 속도가 느릴 때가 많다. 대부분 느린 속도로, 그 회사 시스템에 최적화된 상태로 성장한다는 의미다. 혹은 바깥 세상과 다른 그 회사만의 '갈라 파고스 제도'에 갇혀 있는 듯한 인상을 받는다.

처음 입사했 때 기대했던 바와 다르니 불만이 생긴다. 그래서 남들이 부러워하는 대기업, 빅테크 기업에 입사하고서도 다른 기회를 찾아 떠나는 사람들이 적잖은 것이다. 대기업과 작은 기업은 저마다 분명한 장단점을 갖고 있는 것이지, 한 쪽이 다른 쪽보다 낫다고 장담할 수 없다. 어디로 가건 긴 커리어 여정으로 볼 때 각각 거쳐가는 회사들일 뿐이다.

실제로 대기업이 본인의 성장에 도움이 될지 직접 다니면서 판단해보는 것이 가장 이상적인 솔루션이겠다. 그렇다고 그동안 스스로 고생해서 이룬 경력을 '물경력'이라고 치부하는 관점은 그다지 건강하지 못하다고 생각한다. 꼭 나쁜 경험 혹은 도움이 안되는 경험이라고 단정지어야 할까? 그보다는 내가 그 과정에서 무엇을 배웠는지, 어떻게 개선해 나갈지 객관화해 보는 작업이 필요하다. 그래야 회사의 크기와 상관없이 스스로 성장하는 마인드셋으로 이어진다. 이러한 태도야말로 변화를 받아들이고 적응력을 키우는 관건이라 할 수 있다. 물경력이 아닌 '땀

경력'이라고 바라보자.

## 이제는 커리어도 애자일이다

물경력이 사실은 누구보다 변화를 빠르게 수용하고 성장의 발판을 마련하는 밑거름일 수 있다. 결국 스스로 내가 걸어온 길에 대한 맥락이 잡혀 있고, 이를 타인에게 스토리텔링 할 수 있다면 얼마든지 귀중한 경험이 될 수 있다. 그래서 나는 종종 '취업 공부'에 매몰돼 있거나 본인의 물경력을 고민하는 사람들에게 '애자일'(Agile)의 개념을 설명해 준다. 애자일은 개발자들에게 익숙한 소프트웨어 개발 방법론이다. 커리어에도 충분히 빗댈 수 있는 프레임워크라고 생각한다. 기나긴 커리어 여정은 더 이상 계단식이 아니라 정글짐과 같은 탐험에 가까워졌기 때문이다.

본래 소프트웨어는 요구 조건을 수집하고, 디자인, 개발을 완료하고 QA를 거쳐 유지 보수 단계로 넘어가는 폭포수(Waterfall) 모델로 개발됐다. 하지만 현재는 명확한 목표하에 다수의 짧은 개발 사이클을 반복하는 애자일 모델의 대표적인 방식인 스크럼(Scrum) 프로세스로 대세가 넘어갔다. 보통 2~3주간 진행하는 스프린트 동안 굉장히 분명하고 구체적인 목표를 세워 일한다. 그 결과물을 출시한다. 개발과 출시의 사이클이 이어진다. 예컨대, 첫 스프린트에서는 서비스 내에 설문 기능을 구현하는 데 집중한다. 다음 스프린트에서는 앞서 출시한 설문 기능에 혹시라도 있을 이슈를 해결하면서 카카오 로그인 기능을 개발한다. 이렇게 단기적인 목표를 두고 개발과 출시의 짧은 주기를 반복하는 게 애자일 모델이다.

커리어도 마찬가지다. 평생 직장이라는 개념이 존재하던 세상은 폭포수 모델과 같았다. 학교를 졸업해 취업을 하고, 연차에 따라 승진을 하다가 은퇴를 하는 계단식 순서를 따랐다. 하지만 지금은 인생 이모작, 삼모작을 고민해야 한다는 진단이 나올 정도로 길고 변화무쌍한 커리어가 당연해지고 있다. 그러니 지속해서 변화를 받아들이고, 배우고, 스스로 변화를 일으키는 애자일 모드가 각광받는다고 본다. 변화를

선선히 수용하면서 본인에게 필요한, 혹은 흥미로워
보이는 주제를 저항감 없이 학습하고 시도하는 융통
성이 빛을 발하는 세상이 왔다.

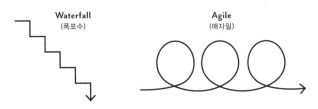

폭포수 모델(좌)과 애자일 모델(우)의 패턴

개방성, 유연함, 적응력이 지금 커리어 판도에 보
다 유리한 역량이라 할 수 있다. 그러니 어디든 좋은
사람들이 있는 곳에서 빨리 일을 시작해보면 어떨까.
거기가 나와 잘 맞는 곳이라면, 거기서 많이 배울 수
있으면 그 배움을 기점으로 더 깊게 들어가는 실행의
사이클을 돌릴 수 있다. 나와 맞지 않다면 방향을 바
꾸는 마음가짐도 중요하다. 내가 고생하고 고민한 만
큼 성장할 수 있는 시대다. 너무 오래 정답을 찾아 헤매기보다는 본인의 결정을 믿고 빨리 행동에 옮겨 확인해보길 바란다. 그러면서 다음 실행 방안을 정해 방향을 고쳐 나가는 마음가짐이 중요하다.

더 나아가, 본인이 맡은 업무만 해서 성장하는 경우는 흔치 않다. 다양한 경험을 해보면서 전체 그림을 알아가는 것이 커리어 초기에 시야를 넓히고 내 길을 찾는 데 도움이 된다. 초반에는 엉망진창이더라도 장기적으로 발전할 여지가 생긴다. 혹은 같은 회사 내에서 직무 전환을 시도해 볼 수 있다. 내가 본 동료 중에는 회사 한 곳에서 고객지원팀으로 커리어를 시작해 인정받은 후 마케팅 업무, 데이터 분석 업무로 자리를 옮겼다가 종국에는 데이터 과학자로 변신하고서 매니저 트랙에 올라 탄 경우도 있었다. 팔색조, 카멜레온처럼 도전을 계속 하며 성장하는 인물이었다. 다시금, 긴 호흡으로 커리어를 바라봐야 함을 느낀다.

시작점을 잡는 데 얽매여 입시 준비를 하듯 인생을 흘려 보내고 있진 않나. 허나 커리어 인생에서 중요한 것은 시작점이 아니라 그 여정 자체라고 생각한다. 어디서 출발했는지 여부보다 그 이후에 어떻게 나 자신을 업데이트해서 어디서 마무리했느냐, 그 과정에서 커리어도 유의미해진다. 그러므로 재차 강조한다. 과거 경력을 '물경력'이 아니라 '땀경력'이라고 보고, 긍정적으로 설정해 보면 어떨까. 너무 많은 생각(저울질)과 사전 준비(선행학습, 오랜 시간의 취업준비)만 하느라 시간을 낭비하지는 말자. 최선의 결정은 때론 머리가 아닌 가슴으로 해야 한다.

## 부캐가 없어도 괜찮아

앞서 커리어 초반에 다양한 경험을 받아들여 변화의 파도에 스스럼없이 올라타야 한다고 강조했다. 인생은 길고, 세상은 빨리 변하는 까닭이다. 그러다 보니 '다양한 경험'은 곧 부업(부캐)을 시작해야 한다는 압박감으로 읽히곤 한다. 주변에서 본인만의 부캐를 키워 나름대로 잘 나가는 사람들이 있다면 더더욱 알게 모르게 '내 것'을 빨리 시작해야 한다는 강박관념이

든다. 그러다 보니 본인이 다니고 있는 회사 속 본캐에 집중하지 못 하고 부캐에만 골몰하는, 부업을 너무 일찍 시도하는 경우도 적잖이 마주한다.

이는 기나긴 커리어에서 다양한 경험을 수용하는 자세를 "반드시 부업을 해봐야 한다"고 축소해서 해석하는 것과 같다. 부캐만이 능사일까. 자칫 부업을 또 다른 정답으로 상정해 뒤쫓고 있는 건 아닐까. 부캐 만들기에 뛰어들기에 앞서 내가 부업에 골몰하는 맥락이 무엇인지 점검해야 한다. 본캐에 집중해서 결과적으로 부캐까지 키우는 방법도 충분히 실현할 수 있기 때문이다. 회사 일을 '내 것'처럼 밀도 높게 수행하면서 내 커리어로 승화한 끝에 부업을 병행하는, 혹은 커리어 후반기에 새로운 캐릭터를 만들 수 있다.

회사를 다니면서 부업을 한다는 건 생각보다 쉽지 않다. 선택과 집중을 해야 하는데, '부캐만능주의'에 빠지다 보면 부업 성공 사례에 비해 본업이 시시해 보일 수 있다. 그래서 균형감각을 잃고 본업에 소홀해질 우려가 있다. 그러나 커리어를 장기적으로 발전시키는 가장 간단하고 단순한 왕도는 본캐를 키우는 것이라고 믿는다. 지금 본인이 다니는 회사가 아주 이상한(?!) 곳이 아니라면 거기서 '성장캐'가 될 수 있다. 그렇게 본캐로 성취, 몰두, 인정받는 다양한 경험을 축적하다 보면 이를 바탕으로 역량과 인맥을 쌓아 자연스레 부캐를 발전시키는 기회를 얻는다. 장기적으로 승률이 높은 전략이다.

좀 더 구체적으로 이야기 해보자. 본업에서 '좋은 경험'이란 무엇일까? (앞서 AIR 루프에서 설명했던 것처럼) 일의 우선순위에 대해 소통하면서 문제를 정의하는 것이 출발점이다. 여기서 시작해 그 문제를 해결하는 데 몰입하고, 회고하는 사이클을 반복한다. 그 과정에서 결과를 지향하는 관점을 훈련하고, 사람들과 협업하며 문제 해결을 이끄는 주인의식(오너십)을 체득할 수 있다. 이러한 노력 끝에 본업에서 결과를 내는 경험을 '좋은 경험'이라고 정의할 수 있다. 이러한 경로야말로 앞서 강조한 '다양한 경험'의 정석에 해당한다.

"결과 지향형 인재"는 타고나지 않는다. 예컨대 개발자라면 결과보다는 기술을 지향하는 함정에 빠지기 쉽다. 본인이 아는 기술에만 집중하는 식이다. 물론 탄탄한 기술 기본기를 갖춰야겠지만, 거기서 그쳐선 본캐를 키울 수 없다. 본인이 가진 기술력으로부터 무언가 성취해보는, 결과를 도출하는 시도가 뒤따라야 한다. 이러한 의식적인 시도를 본업에서 지속한다면 본캐로도 충분히 다양한 경험을 할 수 있다. 나 또한 나중에야 '결과 지향'의 중요성을 인지하고 본업에서 성공하는, 좋은 평판이 생기는 기회를 얻을 수 있었다.

처음으로 결과 지향의 중요성을 명확하게 인지했던 시점은 야후 재직 시절이었다. 야후 때 의외로 빠르게 디렉터로 승진했다. 그 이유를 돌이켜 보면 내가 맡았던 프로젝트 2가지를 성공적으로 마무리했기 때문이다. 두 가지 모두 여러 팀과 협업해야 했던, 난이도 있는 과업이었다. 여러 팀과 협의해 문제를 정의해 보고, 우선순위를 바탕으로 지금 해내야 하는 업무를 파악하면서 이 프로젝트의 목적과 목표를 지속해서 소통하는 과정을 거쳤다. 이때 터득한 배움이 훗날 나의 커리어 성장 전반에 자양분이 됐다.

　당시 나는 기술적인 이슈 뿐만 아니라 '사람 문제'
에 관심을 기울였다. 성과를 내려면 보통 내 업무 뿐
만 아니라 타 팀과 협업하는 과정에서 발생하는 문제
들을 오너십을 가지고, '내 문제'라 생각하고 해결해
야 한다. 예컨대 혹시라도 우리 팀, 혹은 파트너 팀이
서로 다른 가정을 기반으로 방향을 잘못 설정하고 있
지 않은지 주기적으로 되짚는 법을 익혔다. 보통 처
음 접하는 영역, 팀과 일할 경우 의식적으로나 무의
식적으로 특정 상황을 짐작한다. 그 가정들이 맞는지
계속 체크하면서 거기에 맞춰 프로젝트 일정을 조정
해 나갔다.

　프로젝트가 무사히 진행되는 과정에서 같이 협업
하는 팀들에게 성공의 몫(크레딧)을 꾸준히 나눠줘야
한다는 것도 배웠다. 그래야 우리 팀만큼 상대 팀도
열심히 임한다. 다음에 또 다시 협업을 해야 할 때도
원활하고 원만한 관계를 형성할 수 있다. 같은 맥락에
서 내가 매니저라도 해도 필요할 경우 직접 개발에 참
여했다. QA도 하고, 고객지원도 했다. 결과를 지향하
고자 팀의 부족한 부분을 채우려는 마음가짐이었다.

야후라는 대기업에서도 다양한 경험이 가능하다는 걸 체감했던 시기였다. 다이나믹한 나날을 보냈다.

본업에서 얻은 위와 같은 경험치는 나중에 속도를 중시할 수밖에 없는 스타트업을 다닐 때도 큰 도움이 됐다. 또한 본캐에서 성과를 내니 감사하게도 주변의 신임을 얻을 수 있었다. 본업에서 겪은 시행착오를 글로, 모임으로 기꺼이 공유하면서 멘토링이라는 부캐를 얻었다. 훗날 멘토링은 나의 새로운 업이 됐다. 커리어 후반기, 인생 이모작을 시작하는 데 본캐가 필수적이었다고 볼 수 있다. 결국 본업이든 부업이든 "나"를 위한다는 관점으로 결과를 내는 데 집중하면 커리어 전반기, 후반기 모두에 큰 힘이 된다. 그러니 부캐를 만들어야 한다는 조바심이 들수록 장기적인 관점으로, 어떻게 커리어의 파도를 타고 있는지 뒤돌아볼 줄 알아야 한다.

## 직업이 아니라 '영향력'을 추구하라

앞서 커리어 여정에서 다수의 회사를 다니면서 본업을 포함해 다양한 경험을 쌓는 것이 긴 호흡으로 볼 때 당연하고 합리적이라고 설명했다. 그렇다면 이를 관통하는, 가장 주요한 키워드는 무엇일까? 경력이 쌓이고 나이가 들면 시니어라는 이름을 달게 되지만, 시니어에게도 여전히 커리어 업데이트의 후반전이 남아있다. 이때 직업이 아니라 영향력을 추구하는 것이 중요하다고 생각한다. 혼자가 아니라 여러 사람과 함께 일하는 방법을 터득해야 한다는 점을 "영향력"이라 표현해 보자.

시니어의 영향력에 관해 기억에 남는 질문이 있다. 2022년 가을, 시애틀에서 미국에 거주하는 한인 여성의 재취업을 돕는 비영리 단체 '심플스텝스'의 세미나가 열렸다. 단체 회원들을 대상으로 직장생활에 도움이 되는 커뮤니케이션에 관해 이야기를 나누는 시간이었다. 내 발표가 끝난 후 이런 질문을 받았다. '나이가 들어서도 계속 개발을 하고 싶은데, 무엇에 초점을 맞춰야 하느냐'는 내용이었다. 일정 수준 이상의 엔지니어로 성장한 질문자 입장에서 '그 다음은 무엇인지' 묻는 것이었다. 한국에서는 "40대 중반을 넘어가면 개발자는 치킨집을 차린다"는 자조 섞인 농담이 도는데, 아무래도 주변에 본인보다 나이가 많으면서도 동종 업계에서 커리어를 이어가는 롤모델이 보이지 않아 불안한 모양이었다.

앞서 내가 강조했던 '결과 지향'의 관점으로 봤을 때 개발자가 반드시 계속 코딩만 해야 한다고 제한하지 않아도 된다고 본다. 그보다는 영향력을 발휘할 수 있는 일을 받아들이는 오픈마인드가 더 중요하다. 전체 시스템 구조를 잡는 업무를 도맡거나 주니어 팀원의 성장을 돕는 일에 집중하거나 매니저로써 인재 채용 및 성장 등에 관여하는 팀빌딩을 대하는 융통성이 필요하다. 주니어에게도 비슷한 조언이 가능하다. 본인을 '코딩'이라는 테두리에 가두고서 신기술을 맹목적으로 쫓아서는 커리어를 지속할 수 없다. 그보다는 본인에게 맡겨진 일에 따라 다양한 형태로 문제 해결에 기여하면서, 때론 내 책임 바깥의 일까지 살

피면서 경험을, 배움을, 영향력을 갖는 데 집중해보길 권한다.

종종 매니저가 아니라 개인 개발자로 남기로 결심했으니 '사람 문제'와 본인이 무관하고 선을 긋는 케이스를 마주한다. 허나 시니어로 레벨이 올라갈수록 '사람 문제'를 해결해 영향력을 펼치는 역량이 필요해진다. 주니어 팀원이나 타 팀과 소통하면서 담당 프로젝트를 기술적으로 리드하는 능력과 경험이 요구되기 때문이다. 혼자 일을 잘 하는 걸 넘어 타인과 교류하며 영향력을 증대하는 걸 염두에 둬야 한다는 뜻이다. 매니저 직군과의 차이는 채용, 평가, 보상 같이 인사 관리를 직접 하지 않는다는 점뿐이다.

비슷한 맥락에서 매니저 역할을 맡아 영향력을 키우는 경험은 시니어 커리어에 든든한 자산이 될 수 있다고 생각한다. 종종 매니저가 될 경우 개발이란 특정 직무에서 뒤쳐져 전문성을 잃을까 봐 두려워 하는 한국인 엔지니어들이 커리어 상담을 요청한다. 혹은 '사람 문제'로 속 썩기 싫어서 매니저 포지션을 지양하거나 본인에게 안 맞는 옷이라고 지레 짐작하는 경우도 더러 있다. 허나 매니저야말로 커리어 전반기부터 후반기 모두에 큰 힘이 되는 '영향력'을 얻는 경로라고 생각한다. 그러니 기회가 주어졌다면 손들고 일단 경험해 보라고 추천하는 편이다. 적어도 약 1년간 꾸준히 매니저 역할에 적응해 보길 권한다.

연차가 쌓여 있는 사람은 많다. 하지만 사람들과 소통하면서 결과를 낼 수 있는 시니어는 (언제나, 어디서나) 드물다. 희소한 만큼 귀중하다. 이들이 가진 영향력은 본캐나 부캐 모두에 이바지한다. 그러니 궁극적으로 영향력을 추구하는 자세가 커리어의 깊이와 길이를 더하는 전략이라 할 수 있다. 문제를 정의하고 함께 해결하며 가치를 창출하는 경험, 상황에 따라 팀을 위해 유연하게 대처하는 도전이 필요한 이유다. 혼자서만 일하려고 하지 않고 다른 사람과 함께 결과를 지향하는 시니어가 되자. 그래야 영향력 있는 서사를 써내려 갈 수 있다.

## 내 장점이 언제나 장점일까

영향력 있는 시니어는 외부와의 상호작용에 능숙하다. 말그대로 '상황 파악'을 잘한다. 그에 맞게 본인의 무기를 바꾸는 법을 알고, 그렇게 해본 경험치와 자신감을 갖고 있다. 이러한 시니어가 되기 위해서는 피할 수 없는 한 가지 질문에 꼭 답해야 한다. "내 장점이 언제나 장점일까?"

보통 '장점을 최대한 살리는 일을 찾는 것'이 통념이다. 단점을 고치려고 하는 것보다는 확실한 장점을 활용하거나 그럴 수 있는 환경을 찾으라는 뜻이다. 100% 맞는 말이다. 하지만 경력이 길어지고 주변 환경이 변하면서 내 역할도 바뀐다. 그때마다 상황을 파악하고 결과와 협업에 필요한 나 자신을 되짚어 봐야 한다. 왜 이러한 자기인식(메타 인지)이 중요해지는 지 이야기해 보자.

피터 원칙(Peter Principle)이란 개념이 있다. 캐나다의 교육자이자 심리학자인 로렌스 J. 피터 박사가 『피터 원칙: 왜 일이 항상 잘못되는가』(The Peter Principle:

Why Things Always Go Wrong)라는 책에서 다뤘다. 요약하자면, 조직 사회 내에서 일반적으로 사람들은 무능해질 때까지 승진한다는 것이다.[8] 보통 직급이 존재하는 회사에서 사람들은 현재 본인이 맡은 역할의 성과에 따라 다음 높은 레벨로 승진이 된다. 본인이 가진 장점이 현재 레벨에서 조직이 요구하는 역할과 잘 맞아 떨어지는 경우 계속 더 높은 직급으로 승진하게 될 가능성이 높다. 불행히도 이 패턴은 해당 개인이 더 이상 유능하지 않은 직급에 올라갈 때까지만 작동한다.

철두철미한 완벽주의자를 예시로 들어보자. 완벽주의가 나쁘냐 반문할지도 모르겠다. 학생 때 혹은 주니어로 일할 때는 일을 깔끔하게 처리한다는 측면에서 완벽주의가 장점으로 작용하곤 한다. 하지만 직급이 올라 다수의 사람을 리드하는 역할을 맡는 시점부터는 완벽주의가 부정적으로 작동할 수도 있다. 우선순위를 고려하지 않아서 여러 인력의 시간을 낭비하

[8] Laurence J. Peter & Raymond Hull, 『The Peter Principle: Why Things Always Go Wrong』, Profile Books, 2020.10.01.

는 민폐를 끼치거나 완벽주의라는 미명 아래 본인만의 루틴에 갇히는 우를 범하는 식이다. 특히 기술에 천착하는 개발자들 중에 과업의 중요도나 경제성보다 새로운 기술을 쓸 수 있는지, 일이 재밌는지 여부에 매달리는 경우도 비슷한 유형이라 볼 수 있다. 때로는 덜 중요한 업무에 필요 이상으로 에너지를 쏟지 않는 요령이 완벽주의를 보완하는 무기가 된다.

다른 예를 하나 더 들어보자. 의외로 실행을 잘하는 사람이 무능해지기도 한다. 야후를 다닐 때 내가 딱 이 카테고리에 속했다. 직급이 낮을 때는 상사가 준 일을 해냈다. 즉, 전술을 담당했다. 실행을 잘해서 계속 승진을 했다. 헌데 일정 시점부터는 일을 하는 사람이 아니라 일을 만들어내는, 비전을 설정하는 시니어로 변신해야 한다. 전략을 책임지는 역할로 돌아서는 것이다. 그러다 보니 그동안 나를 이끌어준 성공방정식이 통하지 않는다는 인상을 받았다.

야후를 그만둔 2012년, 11개월 안식년을 가지면서 문득 야후 때 왜 일이 재미없어졌는지 자문할 기회가 있었다. 나 자신에게 꼬리에 꼬리를 무는 질문을 던진 끝에 깨달았다. '내가 인지능력이 떨어져서, 내게 주어진 상황이 바뀌었는데도 과거의 성공방정식을 고집했구나!' 그 뒤로 주간 회고를 할 때 직장, 업무, 직급 등 나의 상황이 바뀐 경우 거기에 내 장점과 성향이 여전히 적합한지 확인하기 시작했다. 장점이 더이상 장점이 아닌 상황을 타개하는 내 나름의 방법을 개발했다.

나 자신을 되돌아보는 방법은 다음과 같다. 일단 질문의 시작은 내 장점, 강점이 무엇인지 인지하는 것이다. 이때 겸손과 염치는 금물이다. 스스로 생각나는 장점이 성실, 근면, 최선에서 맴돌고 있다면 혹시 자기 검열에 빠지지 않았나 반문해 보자. 경력자의 장점을 구체적으로 나열해야 한다. 보다 뾰족한, 나만의 무기가 무엇인지 생각해 보자. 본인의 매니저, 동료 등 주변에 많이 물어보는 것도 장점을 정의하는 데 보탬이 된다. 다음 단계는 주기적으로 회고하면서 지금 상황에 내 장점이 여전히 장점인지 자문자답을 하는 것이다. 특히 새로운 회사로 이직하거나 회사 내에서 승진한 경우, 새로운 프로젝트를 맡았을 때와 같이 나의 환경과 상황이 변화했을 때 자기인식을 새로이 해야 한다.

만일 자문자답의 결과 더 이상 내 장점이 장점이 아니라고 판단한다면 선택해야 한다. 편안함(안전지대)을 벗어나 새로운 장점을 만들어내려 노력할 것인지, 아니면 내 장점이 장점으로 인정받는 환경으로 돌아갈 것인지 결정하면 된다. 이 선택에 옳고 그름은 없다. 무조건 새로운 장점을 만들어내기 위해 억지를 부릴 순 없다고 본다. 지금 본인의 장점이 행복을 준다면 편안함 속에 남아있어도 괜찮다. 맹목적으로 성장을 추구한다는 것 또한 지속할 수 없다.

요지는, 내 장점을 이해하고 지금 환경이 내 장점에 맞는 곳인지 뒤돌아봐야(회고) 한다는 것이다. 그래야 변화를 수용하면서 오래 커리어를 이어갈 수 있다. 융통성은 내 장점이 바뀌어야 할 수도 있다는 사실에 대한 오픈마인드까지 포괄한다. 그걸 인지하고 받아들이기로 마음 먹었다면 기꺼이 변화에 뛰어들어 보길 바란다. 추가로 팁을 드리자면, 불편함을 무릅쓰고 내 장점이 더는 장점이 아니라고 이야기를 꺼

내 주는 매니저나 동료들을 곁에 둔다면 그 과정을 원활하게 소화할 수 있다. 본인이 리더라면 그런 피드백을 줄 수 있는 분위기와 구조를 만드는 데 신경 써보면 어떨지 제안한다.

최근 들어 메타인지가 중요하다는 조언을 자주 접할 수 있었다. 그만큼 자신을 객관적으로, 균형감을 갖고 바라보는 인식이 어느 때보다 중요해진 세상이다. 영향력을 발휘할 수 있는 시니어가 되기 위해서도 이것이 꼭 필요하다고 생각한다. 숨가쁘게 변하는 시대 흐름 속에서 점점 길어지는 커리어 곡선을 무사히 이어가려면 변화를 받아들이는 주체인 나 자신과 먼저 마주해야 한다. 본인이 생각하는 장점, 강점은 무엇인가. 지금 환경에서도 여전히 장점인가. 때로는 새로운 무기를 갖추기 위해 새로운 지식을 학습(learn)하거나, 내가 알던 장점과 지식을 내려놓는 (unlearn) 시니어가 돼야 함을 잊지 말자.

## 수많은 경력 단절을 마주할 우리들

커리어라는 단어를 들었을 때 보통 사람들은 '계단'이나 '사다리'를 떠올린다. 그만큼 커리어를 단선적으로 보는 시선이 보편적이라 할 수 있다. 하지만 오늘날 커리어는 '정글짐'에 더 가까워졌다. 어린 시절 한 번쯤 접해봤을 정글짐은 위로 올라가기도, 옆으로 넘나들기도, 안으로 들어가기도 하는 놀이기구다. 때로는 정글짐 한 켠에 매달려 쉬면서 그야말로 종횡무진 돌아다닌다. 오늘날 커리어가 구축되는 과정 또한 이와 같지 않을까. 기대수명이 길어졌다는 것은 단지 일하는 시기가 늘어났다는 게 아니라 오랜 세월에 걸쳐 수많은 굴곡과 경력 단절을 마주한다는 의미일 테다.

과거와의 차이점을 짚어보자. 단적으로, 요즘 젊은 세대는 대학을 졸업해도 바로 취업을 하리라 보장받지 못한다. 불행히도 학교를 나서자마자 커리어 시작부터 꼬이는 경우도 있다. 내가 봤을 때는 이것이 첫 번째 경력 단절의 케이스다. 미국이라고 사정이 그리 다르지 않다. 그러다 보니 (앞서 언급했듯이) 취업을 위한 준비가 길어지는 경향을 보이기도 하는데, 반대로 10~20대 때 바로 본인의 뜻을 세워 창업을 하거나 작은 규모의 조직에서부터 일을 시작해 본인에 대한 탐구에 들어가는 모습도 발견할 수 있다. 여러모로 불확실성이 큰 시기라는 의미다.

그 이후 찾아올 수 있는 (내가 가장 많이 봤던) 두 번째 경력 단절의 케이스는 대부분 여성의 경우였다. 가족들이 미국으로 이주해 왔거나 결혼, 출산, 육아를 하면서 일을 쉬다가 그 상황이 고착화 돼 버리는 유형이다. 참 아까운 인재들이 많다. 그러다 보니 젊은 부부들에게 "반드시 서로 도와가면서 상대방이 커리어를 이어갈 수 있도록 협업하라"고 조언하는 요즘이다. 육아라는 의미 있는 여정을 함께 하면서도 각자 커리어상으로도 천천히 성장해 나가겠다는, 장기적인 관점과 마인드셋을 장착하도록 독려한다. 가족과 이 사회가 힘을 합쳐 부부의 커리어 속도 조절을 지원해야 한다고 본다.

수명이 길어지면서 맞닥트리게 되는 세 번째 경력 단절은 어떤 모습일까. 채용 시장에서 본인에 대한 수요가 사라지는 유형이다. 예를 들어 본인이 가진 기술, 경험에 대한 수요가 줄거나 없어지는 것이다. 여전히 이 범주에도 멋진 경력을 가진 시니어들이 꽤나 많다. 그만큼 충격이 배가 된다. 큰 회사를 오래 다녔던 사람들일수록 더 큰 충격을 받는 걸 종종 목격한다. 나 또한 이러한 경력 단절의 범위에 포함될 수도 있었다는 걸 떠올리며 되새긴다. 나이 들수록 더욱 겸손하게, 배우는 자세로 더 많이 베풀어야겠다고. "Pay it forward"(자신이 받은 도움을 다른 사람에게 나누라)는 격언이 괜히 있는 게 아니다.

위 세 가지 경력단절에 해당하는 사람들과 대화하면서 몇 가지 공통점을 느꼈다. 첫째, 자신감이 없다. 둘째, 자신감이 없다 보니 사람들을 만나지 않게 된다. 사람들을 기피하다 보니 더욱 위축된다. 옆에서 지지해주는 네트워크를 잃게 되거나 주변에 도와달라고 부탁하길 창피하게 여겨 네트워크를 활용하지 못 하게 된다. 일종의 악순환에 빠진다. 그러다 보니 마지막으로, 무언가 새로운 것을 학습하고 싶어도 무엇을 어떻게 배우며 시작해야 할지 모른다. 막막함의

미로를 헤매는 패턴이다.

꼭 전형적인 경력 단절이 아니라도 누구나 인생에 한 두번쯤 경력 단절을 겪을 법한 세상을 살고 있다. 그러니 막막함의 미로를 헤매는 패턴과 거기서 빠져 나오는 방법에 관해 귀 기울여 볼 법하다. 이미 위에 서 힌트를 줬다. 일단, 큰 한 방을 노리지 않고 작게 시작해보는 방안을 모색해야 한다. 이제 막 사회생활 을 시작하는 단계든 은퇴를 앞둔 시점이든 매한가지 다. 인턴이라도 도전해서 이력서에 새로운 한 줄을 올리는 첫 걸음을 내디뎌야 한다. 파트타임에서 풀타 임으로 전환하는 식으로 커리어의 끈을 고쳐 맬 수 있다. 설령 본인의 나이가 40대라 해도 70대 중반까 지 일할 수 있다고 가정한다면 아직 30년이나 남아 있다.

끊어진 커리어의 고리를 다시 연결하는 도전을 앞 두고 있는가. 혼자보다 동지가 있을 때 포기하지 않 을 확률이 올라간다. 앞서 비슷한 길을 걸어간 롤모 델을 발견할 수 있다면 용기를 잃지 않을 수 있다. 예 컨대 앞서 소개했던 심플스텝스는 2017년에 설립됐다. 실리콘밸리 지역의 한인 이주 여성들을 대상으로 '같이 도전하는 커뮤니티'를 조성했다는 점에서 주목해봄 직하다. 한 명이라도 재취업에 성공하는 순간 '나도 할 수 있다'는 자신감을 회복하는 계기가 된다. 기나긴 커리어 여정에 혹여나 경력 단절을 마주하더라도 다시 일어서는 힘이 된다. (커뮤니티의 중요성에 대해서는 6번째 챕터에서도 다뤄 보겠다.)

최근 들어서는 경기둔화로 인한 희망퇴직, 권고사직 등으로 인한 경력 단절도 눈에 띄게 늘었다. 그러다 보니 실리콘밸리에서는 잠시 일을 쉬는 사람들을 위한 별도의 인턴십 프로그램을 운영하는 회사도 생겨나고 있다. 이러한 인턴십을 리턴십(Returnship)이라고 보통 부른다. 페이스북으로 불렸던 메타를 예로 들자면, 구직자가 지난 2년간 일을 안 했을 경우 지원할 수 있는 16주짜리 프로그램을 운영한다. 이를 통해 일을 새로이 시작할 기회를 제공한다.

어찌보면 회사 입장에선 영리한 전략이다. 숨어있는 인재를 쓸 수 있는 방법이면서 명분도 좋다. 꿩 먹고 알 먹고, 도랑 치고 가재 잡고. 아마존, 구글, 골드

만삭스 등 유수의 기업들이 유사한 프로그램을 열었다. 한국에도 이러한 기회가 열리는 날이 오리라 믿는다. 그러니 너무 좌절하지 말기를 바란다. 수많은 경력 단절을 마주할 우리에게 한 번의 넘어짐이라고 덤덤하게 받아들이고, 재도약의 타이밍을 도모해 보면 어떨지 권한다.

세계 최대 네트워킹 소셜 플랫폼 링크드인이 2022년 3만 명의 직장인을 대상으로 설문을 진행했다. 그에 따르면 62%의 사람들이 인생에 적어도 한 번은 다양한 이유로 휴식기를 가졌다.[9] 경력 단절은 너무나도 자연스러워져서 링크드인 프로필 이력 페이지에는 아예 경력 단절을 "Career Break"라고 적을 수 있다. 휴식기를 명기하는 사람도 늘어나는 추세다.

그만큼 '경력'의 여정이 길어졌다. 그 과정에서 경력 단절은 끝이 아니라 잠깐의 쉼이자 다음을 준비하는 하나의 과정이 될 수 있다. 그러니 본인이 원하는 방향으로,

[9] Jennifer Shappley, 「LinkedIn Members Can Now Spotlight Career Breaks on Their Profiles」, LinkdIn, 2022.03.01.

본인의 리듬과 속도로 일과 삶을 살아가기를 포기하지 말기를 바란다. 또한 서로가 서로에게, 사회 환경이 이러한 일과 삶의 변화를 수용할 수 있는 버팀목 역할을 할 수 있어야 한다고 생각한다. 다시금, 커리어는 애자일이자 정글짐이라는 걸 기억하자. 무엇을 지키고 버릴지 스스로 되짚어 보는 관점이 절실하다. 커리어 장기전을 위해 자신의 강점과 관점을 뒤돌아보는 전략을 채택할 단계다.

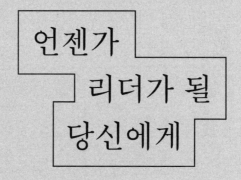

# 5장

언젠가
리더가 될
당신에게

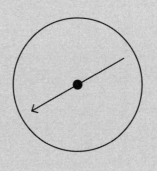

## 리더가 되는 연습의 연속

시니어가 될수록 커리어는 직업란, 그 이상의 내용들로 구성된다는 걸 알게 된다. 매니저가 됐기 때문에 리더 역할을 하기도 하지만, 스스로 경력이 쌓일수록 주변 동료들에게 미치는 영향력을 바탕으로 비공식적인 리더십 역할을 하기도 한다. 그런 지도자의 역할이 개인에게나 조직에나 중요한 시대가 됐다고 본다. 그러니 '리더'라는 개념 또한 단순히 직함을 일컫는 이름이 아니라 커리어 상의 리더십으로 재고해 볼 수 있다. 이번 파트는 공식적이건 비공식적이건 리더 역할을 앞두게 될 사람들을 위한 이야기를 해보려 한다.

보통 리더십을 어려워하는 이유는 리더가 주로 '사람 문제'와 결부되기 때문이다. 특히나 팀 운영에서 가장 중요한 부분을 인간관계가 차지한다. 처음 매니저 역할을 하는 사람이라면 초반에 이 문제를 맞닥뜨리고 고배를 마실 확률이 높다. 그러므로 '어떻게 하면 실패하지 않을 수 있을까'보다 '어떻게 하면 초반에 작게 실패하고 많이 배울 수 있을까'에 집중하는 편이 낫다. 실제로 이전 리더들이 어떻게 리더십을 발휘해 영향력을 사용하고 확장해 왔는지 참고하며 시행착오를 줄일 수 있다.

채용과 팀 빌딩, 코칭을 하는 매니저 역할을 예로 들어보겠다. 내가 매니저가 되기로 마음먹고 처음 읽었던 책이 마커스 버킹엄과 커트 코프만이 함께 쓴 『유능한 관리자』(First, Break All the Rules)였다. 마커스 버킹엄은 강점 발견 프로그램 '스트렝스 파인더'(Strength Finder)를 고안한 것으로도 유명하다. 책에서는 유능한 관리자로 손꼽히는 리더의 공통점이 제시된다. 어떤 사람을 뽑아야 할지, 그들을 어떻게 리드하고 써야 할지 선택의 순간마다 고민하고 망설이는 초보 리더에게 좋은 기준이자 지침이 돼 줄 내용이다.[10]

⑩ 마커스 버킹엄 & 커트 코프만, 『유능한 관리자: 사람의 열정을 이끌어내는』, 21세기북스, 2006.09.01.

좋은 리더는 후보자의 현재 상태보다는 성장 가능성을 기준으로 뽑는다. 개인적으로 사용하는 '주니어의 성장 가능성을 측정하는 방법'은 인턴을 여럿 뽑아서 첫날과 마지막 날을 비교했을 때 누가 가장 많이 성장했는지 살펴보는 것이다. 학습 능력과 태도를 실제 일을 통해 판단하는 과정이라고 볼 수 있다. 학습 능력의 경우에는 얼마나 빨리 새로운 기술을 배우고 실행하는지 여부다. 태도는 얼마나 긍정적인지, 질문을 잘하는지(의사소통)를 본다. 리더십을 연습할 때 본인의 성장 속도 또한 비슷하게 측정해 볼 수 있겠다.

'결과 지향'도 훈련의 영역이다. 일을 시작할 때 과정이나 방법이 아니라 왜, 어떤 결과를 원하는지 먼저 논의하는 리더십이 오래간다. 그 결과를 지표로 표현할 수 있다면 더 효과적이다. 문제가 어떻게 풀려야 성공인지, 그 결과를 정의하는 리더가 영향력을 강화할 수 있다. 원인을 파악하고(ex: 유저가 늘어나면 서비스가 느려진다), 문제를 해결하는 데 중요한 지표를 정해서(ex: 데이터 처리 속도 임계치) 마감 기한을 설정하는

(ex: 2주) 일련의 과정을 반복해서 시도해 볼 수 있다. 구체적인 성공, 실패의 기준까지 미리 이야기 나눠 보길 권장한다.

결국 사람들과 함께 일하며 영향력을 넓히는 리더는 코치와 닮았다. 사람의 강점을 알아보고 거기에 집중한다. 반대로 팀원의 약점은 부족한 부분을 보완할 수 있는 동료와 함께 일하도록 하거나, 그 약점이 크게 문제가 되지 않는 업무 위주로 맡기는 등 보완할 방법을 찾아낸다. 만일 담당자가 프로젝트에 필요한 경험은 많지만 의사소통에 약점을 갖고 있다면 그의 약점을 대신할 사람을 찾아주면서 효율적인 의사소통에 대해서 배우도록 피드백 하는 게 리더십의 모습이다.

반드시 현재진행형 업무가 아니라도 리더십은 같이 일하는 사람들에 눈을 둔다. 각 팀원이 잘할 수 있는 분야와 일을 먼저 찾아주려 한다. 맡은 일에 대한 동기부여가 현저히 부족한 경우 상대방의 인생에서 흥미가 있거나 하고 싶은 일이 무엇인지 묻는 대화를 선행하기도 한다. 과거 팀원 중에 능력의 문제보다는 흥미의 문제를 겪는 사람들이 있었는데, 개인적인 친분이 더해진 후 그 사람의 핏(적성)을 파악하기 수월해진 적이 있었다. 이러한 인간관계를 '신뢰'라 부를 수도 있겠다. 동료들과 절친이 될 필요는 없지만 업무 효율과 팀워크를 위해 인간적인 네트워크를 구축하는 리더가 되는 게 중요하다.

처음 리더가 되는 시기도, 이유도 사람마다 제각각이다. 타고난 리더는 거의 없다. 리더십은 갈고 닦아야 하는 자질에 가깝다. 대부분 영향력 있는 시니어, 나아가 리더십으로 거듭나는 데 시행착오를 거친다. 시기와 이유를 막론하고, 사람들에게 영향을 미치는 리더의 트랙을 밟기로 결단했다면 자기 능력을 의심하며 망설이는 대신 빨리 시작해 보길 바란다. 작은 시도들로부터 꾸준히 배우는 것이 효과적인 성장 전략이라고 생각한다. 고비를 한번 넘기면 그다음에는 훨씬 쉬워질 것이다. 연습이 완성을 끌어낸다. 리더가 되는 꾸준한 업데이트야말로 리더십을 익혀 커리어를 이어가는 경력자의 왕도다.

## 나보다 똑똑한 사람을 뽑아야 한다

리더란 기본적으로 팀을 이끄는 사람이다. 리더 개인의 역량이 아닌 팀의 역량이 곧 리더십의 역량이다. 이때 팀빌딩이 관건이다. 특히 채용과 온보딩(신규 입사자가 조직에 정착하도록 지원하는 입직 과정) 중요하다고 볼 수 있다. 허나 채용과 온보딩은 리더십 중에서도 특히 생소한 영역이다. 새로운 사람을 찾아 연결하는 것, 기존 팀과 융합하는 경험 모두 신세계라 할 수 있다. 초보 매니저, 예비 리더가 가장 헛발질을 많이 하게 되는 대목이기도 하다. 그렇다면 리더십의 시험대 앞에서 우리는 무엇을 마음에 새겨야 할까? 결론부터 말하자면, "개개인의 위치를 넘어 전체적인 파이를 키우는 데 집중하는 문화"를 만드는 데 리더십의 핵심이 숨겨져 있다.

새 팀원이 입사할 때 의외로 위기감과 긴장감을 느끼는 기존 멤버들이 생긴다. 자칫 굴러온 돌이 박힌 돌 빼내는 상황이 연출되지 않을까 신경이 쓰일 법하다. 특히 고속으로 성장하는 스타트업에서 이러한 충돌을 자주 볼 수 있다. 이때 새로 채용된 사람이 공동의 파이를 키우려고 왔다는 점을 명시해야 한다. 그렇기 때문에 그 사람이 지금 우리에게 필요한 방향으로 능력을 발휘할 수 있도록 고민하고 도와야 한다는 분위기를 조성하는 게 리더의 영향력에 달려있다.

반대로 새로 뽑은 인재들이 과거의 성공방정식에 매몰되지 않고 새로운 환경에서 팀 전체의 파이를 확대하도록 도전을 거는 것 또한 리더십의 일면이다. 회사가 추구하는 핵심 가치(Core values)로 이러한 문화를 구체화하고서 이 가치에 얼마나 동의하며 실천하는지 여부를 채용이나 평가에 반영하면 더욱 효율적이다. 이를 명문화한 대표적인 사례가 아마존이다. 아마존의 "Day1" 문화는 어제의 성과에 만족하지 말고 매일 새로운 마음가짐으로 고객을 최우선시해 혁신을 이뤄야 한다는 핵심 가치다. 이는 여러 관점에서 팀빌딩에 도움이 되는데, 일례로 팀 멤버에게 과거의 공헌을 넘어 매순간 시작하는 마음가짐을 가지도록 주문하는 근거가 될 수 있다.

아이러니하게도 사람을 채용하거나 관리하는 리

더 또한 '굴러온 돌이 박힌 돌 빼낸다'는 무의식으로부터 자유롭지 않다. 그러다 보니 자신보다 뛰어난 인재를 뽑길 주저하거나 정작 탁월한 인재를 기용해 놓고 온보딩이 흐지부지 되는 불상사가 발생할 수 있다. 나와 다른 경험을 가진 사람, 나보다 똑똑한 사람을 선별해야 하는데, 사기꾼 증후군(Imposter syndrome)에 빠져 눈이 가려지는 셈이다. 사기꾼 증후군이란 자신의 성공이 능력이 아니라 운을 비롯한 외부 요인에 의해 이루어졌다고 생각하며 스스로를 사기꾼처럼 느끼는 심리 현상을 뜻한다.

사기꾼 증후군을 겪는 사람들은 언젠가 과대평가된 자신의 실체가 드러날까 봐 두려워 한다. 이렇게 자신의 능력과 역할을 믿지 못하면 '나보다 똑똑한 사람을 데리고 어떻게 일을 하지?' '이 사람이 나를 무시하고 내 자리를 빼앗아 가는 것 아닐까?' 하는 불안에 빠질 우려가 있다. 그런 탓에 본인이 부리기 쉬운 사람을 뽑는 방어기제 내지 회피를 택한다. 그 경우 애플의 창업자 스티브 잡스가 경고했던 사태가 발생할 우려가 있다. A 급 플레이어는 A급 플레이어를 뽑는데 B급 인재는 C급 인재를, C급 플레이어는 D급 플레이어를 뽑는 현상이 생기면서 사람 수는 늘지만 인재밀도는 낮아지는 위기다. 정작 전체적인 역량은 크게 늘지 않는 문제에 봉착한다.

만일 8명 규모의 팀을 이끌고 있다고 가정해 보자. 이 사람들보다 모든 면에서 내가 제일 잘 알고 있다면 그건 자랑할 일이 아니라 슬픈 일이다. 모든 사람을 내가 도와줘야 하는 상황이다. 그러니 내가 병목이 된다. 최악의 시나리오를 피하려면 나보다 유능한 사람을 뽑아 그가 가진 능력을 110% 펼칠 수 있도록 서포트해야 한다. 특히 시니어/리더 포지션을 새로 채용한 경우 조직의 비전, 미션, 목표 등의 방향성을 공유하고 기존 멤버들과의 충돌 가능성을 줄여주는 데 방점을 둬야 한다. 한 분야라도 나보다 더 아는 사람들, 그리고 나와는 관점이 조금은 다른 사람들로 팀을 구성해 조직의 역량을 키워야 실제로도 파이가 커진다.

내 개인적인 경험도 예로 들어보겠다. 2013년 가벼운 마음으로 시작한 컨설팅에 이어 2014년에는 유데미에 풀타임 정규직으로 조인했다. 백지부터 시작해서 데이터 팀을 15명 규모로 키우고, 튀르키예에 있는 디스커버리 엔지니어링팀과도 관계를 잘 구축해서 그 팀도 결국 내가 관리했다. 이 과정에서 내 전문영역 밖의 책임들을 맡게 됐는데, 이때마다 필요한 분야의 전문가들을 채용해서 이 사람들과 같이 성장하는 방식을 택했다. 이런 경험을 한 번이라도 해볼 수 있다면 재시도는 어렵지 않다. 이처럼 믿을 만한 인재를 뽑아 함께 성장하기 위해서는 사기꾼 증후군을 경계해야 한다.

여기서 한 단계 더 나가면 나 자신을 대체할 인재를 뽑을 수도 있다. 내가 유데미를 그만두겠다고 한 시점에는 내가 관리하는 팀 구성원만 30명이었다. 2018년 초였다. 고과와 승진 결과가 나오던 시기였다. 임원으로 승진된다는 이야기를 듣는 자리에서 나는 그만두겠다는 의사를 밝혔다. 내가 더 다녀봐야 서로에게 큰 도움이 되지 않는다고 판단했기 때문이다. 새로운 시각을 가진 사람이 들어와서 조직 구조부터 바꾸는 게 맞다는 생각이 들었다. 코세라

(Coursera)에서 비슷한 일을 했던 사람을 찾아 그 친구를 회사 내 포지션으로 연결했다.

리더는 다른 사람을 통해 결과를 내는 사람이다. 최종적인 의사결정과 책임은 본인에게 있지만, 각 부문을 맡은 사람과 방향에 대해 많이 논의하고 최대한 맡기면서 같이 성장하는 코치를 지향해야 한다. 때로는 지금 조직에 나보다 더 잘 맞는 인재를 연결해 주고 물러나는 유종의 미를 거두는 면모도 필요하다. 그래야 나의 영향력이 근본적으로 확장할 수 있다. 나와 다른 시각, 다른 경험을 가진 이가 내 자리를 대신함으로써 긍정적인 방향의 혁신과 변화가 일어난다면 내가 갖고 있는 유데미 주식의 가치도 덩달아 오를 테니 모두에게 얼마나 좋은 일인가. 리더십은 장기적인 시각만큼 폭넓은 시야를 요구한다. 누구든 그러한 리더로 성장할 수 있다.

## 건강한 갈등 vs. 인위적인 하모니

채용, 온보딩 모두 무사히 마쳤다면 팀빌딩이 끝난 걸까? 그렇지 않다. 리더는 일대일로 선의의 피드백을 주거나 팀 전체의 의견을 조율하는 중재자 역할도 수행한다. 처음 매니저 역할을 맡은 사람 혹은 별다른 매니저 경험 없이 창업한 사람이 가장 힘들어하는 종류의 일들이다. 아마도 팀원들이 본인을 좋아했으면 하는 마음 때문일 것이다. 그럼에도 좋은 리더가 되려면 팀원들과 때로는 불편함을 감수하면서 본인의 의견을 전할 수 있어야 한다. 리더 스스로 적절하게 피드백 하며 의견을 조율하는 경험을 통해 리더십을 키우고 일과 삶에서 성장할 수 있다.

의견 조율에 대해 먼저 살펴보자. 팀원들이 서로 다른 의견을 내놓는 상황이 누구나 처음에는 조금 불편할 수 있다. 중간에 개입해서 의결 불일치를 봉합하고 싶은 마음이 꿈틀댈 것이다. 이런 경향은 조직의 조화와 화합을 강조하는 한국적인 상황에서 확실히 더 눈에 띈다. 흥미롭게도 하모니를 너무 중시한 나머지 토의를 너무 빠르게 정리하거나 최종 결정을 미루는 리더가 도리어 건강한 충돌로 마무리할 수 있었던 사안을 감정적인 충돌로 번지게 만들기도 한다. 영향력을 잘못 행사해 문제를 더 복잡하게 하는 역설이 발생한다.

이럴 때일수록 리더십이 인기 콘테스트가 아니라는 걸 되새겨야 한다. 충돌을 무작정 피하는 것은 건강하지 못한 태도다. 신뢰가 단단한 팀 안에서 공동의 목표를 향해 (인신공격이 아닌) 서로 다른 생각이 미팅을 통해 자유롭게 표출되고, 서로의 관점을 이해하려는 노력과 논의를 거쳐 더 좋은 아이디어로 거듭나는 경험을 한 번이라도 해본다면, 인위적 조화보다 신뢰를 바탕으로 한 건강한 갈등이 더 좋다는 것을 알게 되리라 생각한다. 불편을 감수하면서 리더십을 훈련할 수 있다.

무분별한 하모니보다는 건강한 갈등을 추구하는 문화를 만드는 것이 중장기적으로 더 좋은 아이디어를 만들어내고 모든 사람이 같은 방향으로 달려가는 데 이바지한다고 믿는다. 그렇다면 어떻게 건강한 갈

등을 만들 수 있을까? (3장에서 강조했듯) 질문을 쉽게 주고받는 환경을 만들어야 한다. 예컨대 리더가 본인의 의견에 대해 스스로 반박하는 논지를 제시하면서 질문을 유도할 수 있다. 혹은 본인이 과거에 내렸던 결정 중 잘못 내렸던 사안들을 인정하는 모습을 보이는 방법도 있다. 모르는 내용이 논의되거나 질문이 있을 때 리더가 먼저 "모르겠다"고 의견을 묻는 솔직함이 안전한 지지 기반이 돼 준다.

요약하자면, 팀 내 신뢰를 구축해서 구성원들이 자기 의견이나 질문을 편히 던질 수 있도록 돕고, 필요할 때 명확한 결정을 내려주는 것이 리더십이다. 여기서 '명확한 결정'이란 '옳은 결정'이 아니다. 적어도 사람들이 다음 단계로 넘어갈 수 있게 정리하는, '그 상황에서 최선의 결정'이란 뉘앙스가 강하다. 나중에 그 결정이 잘못된 것이라고 판단되면 솔직히 털어놓고 방향을 수정하면 된다. "어떤 결정이든 아무 결정도 내리지 않는 것보다 낫다"(Any decision is better than no decision)는 충고가 괜히 나오는 게 아니다. '이런 이유로 아직 결정을 못 내리겠지만 언제까지 결정을 내리겠다'고 밝히는 것 또한 리더다운 의사결정이다.

『팀워크의 부활』(The Five Dysfunctions of a Team)이라는 책으로 유명한 패트릭 렌시오니가 쓴 『CEO가 빠지기 쉬운 5가지 유혹』(The Five Temptations of a CEO)라는 책이 있다.⑪ 이 책은 제목 그대로 CEO가 빠지기 쉬운 다섯 가지 유혹에 관해 다루는데, 생산적이고 건강한 갈등이 아닌 하모니를 우선시하는 것이 그 중 하나다. 틀리지 않으려고 명확성 대신 확실성을 추구하며 결정을 지연하는 것 또한 리더가 빠지기 쉬운 함정이다.

리더들이 솔선수범해서 불편함을 견디며 하루하루 편안한 영역 바깥으로 나아갈 때 조직이 발전한다. '밑에 사람들을 뽑았으니 그 사람들이 알아서 잘하겠지'라고 믿으면 안 된다. 잘할 수 있게 도와주되 더 잘할 수 있게 챌린지하며, 건강한 토론을 통해 완벽한 결정이 아닌 명확한 결정을 너무 늦지 않게 내리는 습관을 들여야 한다. 다시 한번, 이는 매니저가 아니더라도 시니어

패트릭 렌시오니, 『CEO가 빠지기 ⑪ 쉬운 5가지 유혹』, 위즈덤하우스, 2000. 09. 01.

급이라면 가져야 하는 마인드셋이다. 요즘처럼 빠르게 변화하는 시대일수록 리더십이란 팀을 토론과 결정을 통해 효과적으로, 같은 방향으로 정렬할 줄 아는 사람이라고 믿는다.


## 리더가 알아야 하는 '피드백의 기술'


피드백의 기술에 대해 논하기 전에, 일단 피드백을 주는 '대화' 자체가 첫걸음이란 점을 꼭 짚고 싶다. 내 관점에서 진정성 있고 선의가 있는 피드백이라면 너무 어렵게 생각하지 말고 편하게 대화를 하듯이 접근해 보면 좋겠다. 팀원이 내 의견에 동의하는지, 그렇지 않은지 여부는 중요하지 않다. 내 관점을 이야기해 줘야 상대도 입장과 생각의 갭을 인지하고, 서로 대화하면서 차이를 줄여갈 기회를 갖게 된다. 또한 그래야 나중에 팀원이 부정적인 방향으로 놀라는 일 (ex: 승진 누락, 정리 해고)이 줄어든다. 크게 곪아 터질 때까지 기다리는 것보다는 미리 작게 터트리는 편이 낫다는 뜻이다.

초보 리더에게는 긍정적인 피드백이 상대적으로 덜 부담스럽다. 하지만 이 또한 무작정 잘했다, 훌륭하다고 피드백 하는 게 아니다. 구체적으로 왜 훌륭하고 어떻게 잘했는지 이야기해 주는 편이 효과적이다. 특히 이전에 지적했던 부분을 개선하는 모습을 보였다면 그 사실을 콕 집어서 언급해야 한다. 행동 양식과 관련된 부분일수록 더욱 그러하다. 일종의 강화 학습이라고 할 수 있겠다. 칭찬이라고도 할 수 있을 텐데, 이는 가능하면 다수가 모여있는 상황에서 하는 것이 좋다. 돈이 드는 일도 아니니 자주 할수록 좋다. 칭찬은 고래도 춤추게 한다.

상대방의 개선사항을 전하는 건설적인 피드백 (Constructive feedback)은 이보다 복합적이다. 특히 행동 양식과 관련된 것이라면 보다 섬세한 개인화가 필요하다. 조금 더 오래, 자세히 관찰하고 대화해야 한다는 뜻이다. 문제가 되는 행동 양식이 (좋게 봐서) 그 사람의 중심 가치라 해도 나쁘게 이야기하면 본인의 안전지대 혹은 과거 상처와 관련된 부분일 수 있다. 그

래서 대부분 처음에는 건설적인 피드백에 대한 반응
이 그리 좋지 않을 것이다. 이때 어떤 반응을 보이는
지 관찰하면 그가 피드백을 받아들일 준비가 돼 있는
지, 아니면 선별적으로만 받아들이고 있는지 살필 수
있다.

건설적인 피드백을 전할 때 주의할 점은 순서대로,
한 번에 하나씩 고민하는 것이다. 피드백 이야기를
꺼낼지, 어떻게 전달할지를 동시에 고민했다간 머리
가 아프니 '시간이 지나면 괜찮아지겠지' 여기고 얼
렁뚱땅 피드백을 미루기 십상이다. 이러한 자기 기만
으로 인해 리더임에도 아무런 액션도 취하지 않을 가
능성이 아주 높다. 건설적인 피드백은 난이도가 있는
만큼 정성을 다해 차근차근 준비해 보자.

건설적인 피드백을 위해서는 먼저 상대방에게 어
떤 부분이 아쉬운지 명확하게 말할 수 있어야 한다.
즉, 핵심적인 주제가 무엇인지 내가 나에게 설명할
수 있을 정도로 명료해야 한다. 그래야 나중에 상대
방과 이야기 나눌 때 덜 횡설수설한다. 또 여러 개를
동시에 이야기하지 말고 가장 핵심적인 주제를 골라

한 차례에 하나씩만 이야기하는 편이 낫다. 그게 상대방 입장에서도 피드백을 수용하는 데 도움이 된다. 상대가 어떤 부분을 지금보다 더 잘해 낼 수 있을지 나부터 분명하게 이해하고, 그중 정말 중요한 것 하나에 대해서만 먼저 대화하는 식이다.

건설적인 피드백으로 지금 이야기하는 내용이 적절할지 결정하는 작업도 뒤따른다. 건설적인 피드백의 주제가 사소하다고 판단되면 이 이야기를 굳이 해야 하나 싶을 때도 있을 것이다. 그러나 작은 문제라도 고착화할 가능성이 보인다면 가볍게라도 언질을 하는 것이 좋다. 예를 들어 별다른 말도 없이 중요한 미팅에 매번 늦는 사람이 있다면, 그런 행동이 두세 번 반복되는 시점에 그 사람의 평판이 나빠지는 것을 막기 위해서라도 피드백을 주는 식이다. 이처럼 건설적인 피드백은 불편하더라도 상대방과 팀 전체, 리더인 나 자신의 성장을 위해 꼭 필요한 자양분이다.

## 건설적인 피드백, 이렇게 하면 독?

반면 사용해선 안되는 건설적인 피드백 방식도 존재한다. 건설적인 피드백에서 가장 중요한 것은 피드백을 주는 사람의 의도다. 상대에게 위압감을 주기 위해서 혹은 그를 괴롭히고 싶어서 하는 피드백은 아무리 현란한 기술을 동원해 전달해도 서로에게 부정적인 결과로 이어질 수밖에 없다. 상대가 조직에 더 잘 적응하고 최선의 퍼포먼스를 낼 수 있도록, 그래서 상대와 팀, 상대와 회사가 함께 성장할 수 있도록 돕는 것이 피드백의 목표임을 잊지 말자. 공동의 목표가 있어야 한다는 의미다.

초보 리더가 저지르는 피드백 실수 중 하나로 몇 가지를 소개해 보려 한다. 보통 건설적 피드백을 줄 때 본인의 의견을 직접적으로 말하기 어려워 하는 나머지 하고 싶은 이야기를 희석하거나 상대가 알아서 이해하길 바라며 돌려 말하는 경우가 있다. 다른 사람들의 의견이라고 에둘러 말하기도 한다. 이러한 태도는 피드백을 하는 사람에게도, 피드백을 받는 사람에게도 별다른 도움이 되지 않는다. 좋은 리더가 되는 첫걸음은 인간 관계에서의 불편함과 친숙해지면서 선의를 갖고 공동의 목표를 분명히 세우는 데서 시작된다. 이와 반대되는, 건설적 피드백을 줄 때 피해야 할 방식을 몇 개 정리해 보자.

### 1. 대충 한 번 이야기하고 상대가 알아서 이해하길 바라고 있는지 되짚어 보자.

사람은 쉽게 바뀌지 않는다. 그렇기 때문에 피드백을 반복해야 한다. 너무 간접적으로 이야기하면 무슨 이야기인지 제대로 이해하지 못할 수도 있다. 피드백 내용의 중요성을 인지하지 못하는 오류가 생기기도 한다. 결국 건설적인 피드백은 더 직접적이어야 한다. 반복이 필요하다. 발전의 싹이 보인다면 그걸 꼭 짚어 칭찬해 주면서 건설적인 피드백의 효과를 배가하자.

### 2. 다른 사람의 의견을 전달하는 식으로 건설적 피드백을 하는 경우 관계가 완전히 망가진다.

피드백을 받는 사람과의 관계를 망치고 싶지 않은 마음에서 "나는 잘 모르겠지만 누가 이렇게 말했다"는 식으로 피드백을 줄 경우 오히려 낭패를 보기 쉽다. 듣는 사람은 불특정 다수가 뒤에서 그에 대해 부정적인 이야기를 한다는 인상을 받을 수 있다. 그런 이야기를 전달하는 사람에 대한 반감 또한 덩달아 높아질 우려가 있다. 내 의견임을 밝히지 않았기에 직접적인 대화를 통한 개선도 어려워진다. 만일 진짜로 남의 의견을 전하려는 경우라면, 본인이 그 의견에 동의하는지 여부도 명확히 밝혀야 한다.

## 3. 장점과 단점을 번갈아 가며 섞는 '샌드위치 기법'을 쓰고 있진 않은지 유의하자.

샌드위치식 대화 기법은 단점 앞뒤로 장점을 배치해 일종의 충격 흡수를 노리는 방법이다. 듣는 사람에게 어느 정도 심리적 안정감을 줄 수는 있겠다. 하지만 이러한 방식은 명확히 어떤 부분을 피드백하는지 인식하기 어려워진다는 치명적인 단점을 갖고 있다. 도리어 상대를 혼란스럽게 만들 수도 있다.

보통 이 기법을 사용하는 사람들은 본인이 진심으로 전하고 싶은 아쉬운 점을 너무 포장해서 이야기하는 경향을 보인다. 하지만 장점으로 둘러싸는 기법은 피드백의 정확도를 떨어트린다. 차라리 상대방에게 안정감을 주는 이야기를 하고서 아쉬움에 대한 피드백을 부드럽게, 분명하게 이야기하는 것이 좋다고 본다. 예컨대 건설적인 피드백의 과정에서 내가 상대편을 괴롭히거나 일을 못한다고 지적하는 게 아니라는 점, 당신이 더 잘 하기를 원한다는 점을 밝혀 공동의 목표를 놓치지 않는 식으로 접근할 수 있다.

## 4. 보디랭귀지로 불만을 표출하는 경우 피드백 효과는 반감된다.

얼굴 찡그리기, 한숨 쉬기, 비웃기 등 온몸으로 불만이나 아쉬움을 표현하는 방식만큼 상대방의 자존감을 깎아 먹는 방식은 없을 것이다. 피드백의 내용이 아무리 좋고 타당하다 한들, 감정 섞인 피드백은 잘 먹히지 않는다. 오히려 간접적인 방식으로 의견이 표출되면서 리더가 왜 이러는지, 이 행동에 담긴 뜻이 무엇인지 상대방이 추측하게 된다. 서로 시간과 에너지를 허비하는 결과를 낳는다. 직접적인 피드백을, 감정을 섞지 않고 최대한 객관적으로 이야기하는 것이 언제나 최선이다.

**5. '반복'이라는 패턴이 아니라 최근의, 구체적인 상황만 짚을 경우 상대방은 디테일에 사로잡히고 만다.**

팀원이 중요한 미팅에 자주 늦는 경우를 가정해 보자. 이때 건설적인 피드백은 '자주'라는 패턴에 주목해서 이뤄져야 한다. 만약 리더가 그 사람이 가장 최근에 지각한 문제를 놓고 그것만 꼬집는다면 문제의 범위가 좁혀진다. 팀원은 한 번 늦은 것으로 나무란다고 착각해 반발할 수 있다. 그보다는 '반복'에 초점을 맞춰 건설적인 피드백을 해보자.

## 성숙한 리더들의 피드백 실전

정리하자면 건실한 '건설적 피드백'은 팀원에 대한 관심을 바탕으로 하는 '내 의견'과 관찰에 기반한 선의를 가진 직접적인 피드백이다. 매일같이 마주치는 팀원에게 태도나 성과에 개선이 필요하다고 이야기하는 것은 분명 쉽지 않지만, 피드백 없이 지속적인 발전을 기대할 수 없다. 피드백 역시 하다 보면 실력이 는다. 리더라는 새로운 변화를 (두려움에도 불구하고) 받아들이며 꾸준히 시행착오를 반복한다면 어느새 리더로 성장한 자신을 발견할 것이다. 영향력 있는 리더십을 길러서 커리어의 후반기까지 왕성하게 활동하는 시작점에 설 수 있다.

건설적인 피드백 실력은 사소한 지점에서 드러난다. 예를 들어 건설적 피드백을 줄 때 상대방과 나, 두 사람이 있는 상황인지 여부가 의외로 중요하다. 모두 앞에서 접하는 건설적 피드백은 아무리 그 내용이 좋더라도, 선의라도 반작용이 뒤따를 수 있다. 또한 공동의 목적과 상호 존중이라는 2가지 포인트가 상대편에게 분명하게 전달되는 디테일에 신경써야 한다. 아무리 건설적이라도 그 피드백을 전하는 목적이 나의 편익에 치우쳐 있다면 정작 그 피드백을 수용해야 할 타인은 심드렁해 한다. 존중이 바탕에 깔려있지 않다면 공격이나 무시라고 오해할 우려도 있다. 그러면 피드백에 대한 반응을 하지 않거나 역으로 공격적인 모습을 보일 수 있다. 피드백 경험을 점차 늘리며 세심하게 챙겨 보면 어떨까.

개인적으로 선호하는 건설적 피드백 전달 방법은 '기대(Expectation) → 관찰(Observation) → 갭(Gap)'의 순서를 따르는 것이다. "내가 옳고 너는 틀렸어"라는 느낌보다는 최대한 객관적으로, 내 관점에서 기대했던 바와 관찰한 내용 사이의 갭을 이야기한다. 그 갭을 줄여 보는 방법에 대해 같이 논의하는 식으로 대화를 이끌 수 있다. 본인이 옳다는 증거를 찾은 다음에 대화하려면 시간이 오래 걸릴뿐더러 그사이에 상대에 대한 감정이 미움으로 바뀌어 대화를 곱게 진행하기 힘든 지경으로 악화할 우려도 있다. 그냥 현재 내가 보는 관점에서 빈틈을 전하는 게 지혜롭다.

이때 일에 관해서 이야기해야지, 사람에 대해서 입에 올려선 안 된다. 그러한 피드백이 필요할 시 (앞서 언급했던 것처럼) 꼭 일대일 면담에서 전달해야 한다. 예를 들어보자. 팀원이 하는 업무 A가 생각보다 지연되고 있다. 그렇다면 여러 사람 앞에서 왜 맨날 일이 늦어지냐고 질책하지 말고, 일대일 대화에서 다음과 같이 순서대로 피드백을 해볼 수 있다.

> 1. A 업무가 이달 말에 끝날 줄 알았는데 ("기대")
> 2. 오늘 미팅에서 상황을 보니 다음 달 말에 끝날 것으로 보인다 ("관찰")
> 3. 업무 완료 시점에 차이가 난다 ("갭")

피드백을 주는 내가 옳다고 주장하듯이 대화하는 느낌보다는 일상적인 대화의 강도로 피드백할 수 있다. 그러면 서로 크게 부담이 되지 않는다. 이렇게 빨리 갭에 대해 전해야 상대도 그걸 인지하고 개선 방안을 찾을 수 있다. 감정소모도 줄어든다. 상대방도 내가 갖고 있는 생각(기대치)을 알게 되면서 양측의 커뮤니케이션 스타일 등을 발전시키는 기회로도 삼을 수 있다.

마지막으로, 갭을 줄일 수 있는 방법에 대해 논의해 보면서 실행할 만한 액션 아이템으로 정리할 수 있다. 앞의 예시를 다시 활용해 보자면, 데드라인에 대해 보다 분명하게 커뮤니케이션할 방법을 의논해 볼 수 있겠다. 다음 번 미팅에서 진척 여부를 논의하는 식으로 건설적인 피드백을 연계할 수 있다. 종합해 보자면, 본인이 느끼는 아쉬움을 건설적인 피드백을 전할 때 다음과 같이 골자를 세워 소통해보길 바란다.

---

— 아쉬운 행동이나 태도가 무엇인지 하나만 선택

— 이걸 지금 이야기하는 것이 맞는지 결정

— 이야기하기로 했다면 어떻게 피드백을 전달할지 결정

    √ 나의 기대

    √ 나의 관찰

    √ 기대와 관찰 간의 간극

---

> ─ 상대방과 간극에 관한 대화 후 간극을 줄이
> 기 위한 액션 아이템 만들기

이는 비단 매니저 업무를 하는 사람에게 국한한 스킬이 아니라고 생각한다. 가족과의 관계에서, 직장 동료와의 생활에서, 나아가 나와 연결돼 있는 다양한 인간관계 속에서 상황을 개선하고 관계를 강화해 네트워크를 다지는 삶의 지혜다. 그러니 불편하다고 마냥 숨기보다는 본인의 기대와 관찰한 내용 사이의 간극(갭)을 대화로 풀어가는 시도를 꾸준히 해보면 어떨까. 의견 조율, 피드백 모두 의도적인 연습을 통해 차차 체득하는 스킬이다. 훌륭한 리더로 성장할 모든 사람들에게 장기적으로 꼭 필요한 자질이다.

## 리더십은 커리어의 극치

지금까지 리더로서 팀으로 함께 일하는 관점과 방법론에 대해 다뤘다. 결국 영향력을 확장하는 방향으로 협업을 통해 결과를 이끌어 내는 리더십이 커리어를, 본인의 성장 기로를 바꾸는 자산이라 할 수 있다. 그러므로 연차가 쌓일수록, 혹은 리더의 자리에 다다랐을 때 리더로 성장하는 과정을 미리 숙지하고 지속해 연습을 해보길 권장한다. 각자 위치에서 직업인으로, 커뮤니티의 일원으로, 혹은 본인 삶의 주인으로 리더십을 발휘할 때 꾸준히 성장하는 기쁨을 누릴 수 있을 것이다.

마지막으로 진심으로 상대방을 위하는 리더십이 장기적으로 커리어의 원동력이 된다는 걸 강조하고자 한다. 앞서 의견 조율과 피드백을 통해 신뢰 관계를 구축하는 게 중요하다고 짚었다. 일적으로도 효과적일 뿐더러 설령 더는 같이 회사에 소속돼 일하지 않더라도 함께 일할 당시 쌓은 신뢰 관계는 회사 바깥에서도 유효하다. 이직할 때, 모르는 분야에 진출할 때, 본인 사업을 시작해 도움의 손길이 필요할 때도 본업에서 충실히 쌓은 영향력이 지지대가 돼 준다. 신뢰를 토대로 연결된 네트워크가 직업란에 구애받지 않고 내 커리어, 인생 전반에 걸쳐 이롭다고 이해할 수 있다.

신뢰는 사소한 지점에서 차곡차곡 쌓인다. 단적으로, 팀원과 일대일 미팅을 잡았을 때 아무리 바빠도 취소하지 말아야 한다는 대전제를 지키는 식으로 신뢰가 적립된다. 너무나 급박한 상황이라 도저히 일대일 면담을 진행할 수 없다면 적어도 다시 일정을 잡아 '당신의 이야기를 듣고 피드백을 주고 싶다'는 진정성을 전해야 한다. 면담 중에는 팀원 개인의 커리어 목표나 거기에 도움이 될 만한 부분까지 가감 없이 진솔하게 대화하길 추천한다. 미리 대화 주제를 준비한다거나 그동안의 대화를 기록해 두고 기억하는 등의 사소한 성의가 신뢰 관계의 주춧돌 역할을 한다.

상대방에게 어떤 도움이 필요한지, 혹은 전체 미팅 자리에서 꺼내지 못한 의견이 없는지 되묻는 질문을 매번 건네는 방법도 도움이 된다. 일대일 만남이 지속될수록 점차 쉽게 꺼내기 힘든 문제를 터놓고 나눌 가능성이 올라간다. 이런 대화를 주고받으며 더욱 의미 있는 피드백을 개인에게 주면서 회사, 그 이상의 네트워크가 형성된다고 본다. 장기적으로 넓은 시야에서 바라봤을 때 우리는 어디서든 전혀 다른 모습으로 다시 만날 수 있다. 그러니 함께 공을 들여 구축한 신뢰 관계는 조직 내에서도, 그 이후의 커리어에서도 긴밀하게 작용할 수 있다.

업무를 위임하면서 후임을 양성하는 데 관심을 기울이는 것 또한 리더의 영향력을 공고히 하는 적절한 방법이라고 생각한다. 아무리 바빠도 다른 사람의 성장을 돕기 위해 시간을 할애하는 리더는 신망받을 수밖에 없다. 단순히 내 업무를 일임하는 게 아니라 상대방이 성장할 수 있도록 코칭을 한다는 마음가짐으로 다가가면 어떨까. 어떻게 코치답게 후임을 양성할 수 있을지 막막하다면 다음과 같은 업무 위임 단계를 참고해 볼 수 있다.

---

레벨 1. 내가 계획하고 팀원에게 실행을 위임하고
       주기적으로 상황을 같이 리뷰

레벨 2. 같이 계획하고 팀원에게 실행을 위임하고
       주기적으로 상황 보고 요청

레벨 3. 팀원이 나에게 계획을 먼저 이야기하고 실

---

행하면서 주기적으로 상황 보고

레벨 4. 팀원이 알아서 계획/실행하고 주기적으로
    상황 보고

레벨 5. 팀원이 알아서 계획/실행하고 문제가 생길
    경우에만 상황 보고

첫 단추를 끼울 때는 아직 모든 걸 맡길 만큼 확신이 서 있지 않았을 수도 있다. 상대방도 무턱대고 완전히 다른 도전을 하긴 버거울지도 모른다. 그러니 그 사람의 강점을 기반으로 일부 과업을 맡겨서 상대방이 '작은 성공'을 경험하도록 유도하는 전략을 쓸 수 있다. 시작이 좋아야 자신감도 생기고, 서로 믿을 수 있다. 단계를 올릴수록 발전 가속도가 붙는다. 진심으로 상대방을 파트너, 함께 커리어 성장을 하는 동료로 대하며 코칭을 하는 자세로 임할 때 신뢰를 얻을 수 있다.

명심하자. 영향력을 갖춘다는 것은 나의 존재로 인해 주변의 역량이 커지는 것을 의미한다. 명시적으로, 혹은 암묵적으로 리더의 역할을 수행하는 것이다. "함께"의 중요성을 인지하고 전체 파이를 키우고자 노력하는 리더십이 곧 커리어의 궁극적인 도착점이자 극치가 아닌가 싶다. 특히나 앞으로 생성형 AI가 보편적으로 쓰일 세상에서 영향력 없이 혼자서만 일하려는 고집은 쉽게 대체되거나 꺾일지도 모른다. 반대로 더불어 성장할 줄 아는 시니어에게는 고유한 기회가 있다는 뜻이다. 리더의 자리를 경험할 기회가 있다면 기꺼이 손을 들어보자. 진심을 다한다면 충분히 근사한 리더가 될 수 있다.

# 6장

어떻게
30년 더
일할 것인가

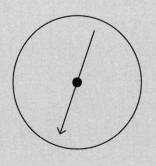

## 다시 출발선에 서야 한다

만 54세에 접어들어 3번째 백수 생활을 시작했다. 은퇴에 대해 고민하기 시작할 나이에 새로운 시작을 준비하는 셈이다. 당연히 걱정도 되지만, 그보다 더 큰 설렘과 기대감을 느끼는 요즘이다. 커리어 전반기에 본업을 통해 결과를 지향하는 태도를 배웠고, 그러면서 좋은 평판과 영향력이라는 인적 자본을 얻었다. 내 생각과 경험을 주변에 진솔하게 공유하면서 온오프라인 네트워크가 형성됐다. 덕분에 안식년에 나 자신을 돌아보는 여유와 뜻하지 않은 기회를 만났다. 커리어 중반기, 나이가 들어도 새출발을 할 수 있다는 걸 배웠다. 50대 이후에 펼쳐질 커리어 후반전을 앞두고 새로운 시작점에 서는 기분이다.

기나긴 커리어 여정을 무사히 이어가기 위해서는

다시 출발선에 서는 것에 익숙해져야 한다고 본다. 물론 개인에 따라 한 가지 직업을 쭉 유지하는 경우도 있겠지만, 대부분 익숙함과 편안함을 던지고 불안함을 견디며 좌충우돌하는 새출발에 나서야 할 것이다. 일과 삶 모두에서 다시 서막이 시작될 수 있다. 헌데 무언가 새로이 시도하는 자체를 기피한다면 어떨까? 커리어가 평평해지면서 자칫 막다른 골목에 도달할지도 모른다. 최악의 경우 재기불능 수준으로 고꾸라질 수 있다. 그러므로 다시 출발하는 순간을 기꺼이 받아들이는 마음의 준비가 필요하다.

나는 13개 회사를 다니면서 개인적으로 참 다양한 '시작'을 해 왔다. 그러다 보니 새출발을 어떻게 해야 하는지 묻는 질문을 자주 받는다. 한국에서 미국으로 오면서 어떤 계획을 세웠는지, 어떻게 창업을 시작했는지, 안식년에는 어떤 계획을 세웠는지, 컨설팅을 하게 된 계기는 무엇인지, 초기 기업에 대한 엔젤투자를 하는 법은 어디서 배웠는지, 링크드인 및 페이스북 등 소셜미디어에 글을 쓰게 된 동기가 무엇인지 등등. 시작이 없다면 아무 일도 일어나지 않는다는 말처럼 무수히 여러 번 출발선에 섰다. 다들 여기에 어떤 동인이 있는지 궁금해했다.

하지만 역설적으로 큰 그림이나 구체적인 계획이 없었기 때문에 일단 저질러 볼 수 있었다고 생각한다. 최소한의 기준만 세우고 그 후에는 일단 용감하게 출발선에 섰다. 예컨대 지금 안 하면 나중에 다시 기회가 찾아올지 불확실한 경우 일단 시도했다. (1장에서 언급했듯이) 후회를 최소화하기 위해서였다. 미국으로 삶의 터전을 옮겼던 것, 공동창업을 했던 것이 이 기준에 부합했다.

또 다른 기준으로는 덜 위험하게, 작게 시작할 수 있는지 따졌다. 앞서 "Two-way Door"에 관해 소개했던바, 문을 열고 넘어갔다가 다시 돌아올 수 있는 선택이라면 일단 빠르게 시작했다. 엔젤투자, 컨설팅, 글쓰기 등이 이 유형에 속한다. 특히 컨설팅의 경우 '지인의 도움 요청'이 의외의 시작점이 될 수 있다. 특정 분야나 문제에 대해 컨설팅하다가 내가 새로이 시도해 볼 수 있는 영역을 발견하기도 한다. 나의 컨설팅 이력은 그렇게 시작됐다. 나중에는 컨설팅이 리드급 정규직 채용으로 이어졌다. 사소해 보였던 시작이 확장해 새로운 시작을 불러온 케이스다.

여기서 언급한 모든 새출발에는 공통점이 있었다. 전에 해본 적이 없어서 벅차다는 인상을 줬다. 내가 잘할 수 있을지 약간의 의구심도 갖고 있었다. 그럼에도 시작한 일이기에 당연히 초반에는 여러 시행착오를 겪었다. 이때 선선히 새로움을 받아들이는 데는 2가지가 주요했다고 본다. 일단 기본적으로 호기심을 갖고 무언가 실행하는 걸 좋아하는 성향이 도움이 됐다. 그만큼 소위 '재지 않는' 성격도 한몫했다. 단기적으로 내가 무엇을 손에 쥘지, 혹은 얼마나 잘할지 여부에 얽매이지 않았다. 도리어 처음에는 약간 손해 본다고 생각하면서 편하게 결정의 속도를 높였다.

계산은 신중함이기도 하지만, 망설임을 뜻하기도 한다. 새로운 경험을 시작하는 데 진입장벽이 있다는 의미다. 혹시 새출발보다는 손익계산서가 먼저 눈에 들어오지 않았나. 어쩌면 너무 많은 선택지를 고려하고 있기 때문에 너무 계산적으로, 방어적으로 상황을 대하는 걸지도 모른다. 자꾸만 주저하게 된다면 일단

가장 중요한 것이 무엇인지 규정하고서 그 외 선택
지를 줄이는 작업을 먼저 해보길 권한다. 다다익선이
항상 '선'은 아니다.(More is Less) 개인적으로 새출발을
위해 다음과 같은 질문을 마음에 새겼다. 참고가 되
길 바란다.

---

— 평소 관심 있는, 해보고 싶은 일인가?

— 아주 모르지도 않지만 잘 아는 주제에 해당하지
  도 않는 일인가?

— 같은 방향으로 나아갈 수 있는 지인이나 동반자
  가 있는가? (새출발의 필수 요소는 아니지만 장
  기적으로 오래 가려면 꼭 필요하다.)

---

커리어를 "버킷 리스트 체크하기"라고 이해할 수도
있다. 긴 커리어 여정은 곧 내가 해보고 싶었던 일들
을 시작하면서 나 자신에 대해 파악해 가는 과정이
될 수 있다. 그렇기 때문에 해보지 않고서 나이 들어
나중에 후회하는 것보다는 결과가 만족스럽지 않더
라도 해본 후 아쉬워 하는 것이 장기적으로 후회를

덜어내는 좋은 전략이다. 그런 관점에서 앞서 소개한 첫 번째 포인트를 생각해 봤으면 한다.

두 번째 포인트의 경우 난이도와 배움의 기쁨을 위한 기준이다. 너무 익숙하거나 너무 모르는 영역이 아니라면 새로운 도전을 하기도 수월하고 그로부터 많이 배울 수 있다. 개인적으로는 대략 50~60%쯤 아는 영역이 새로이 무언가 시도하기 가장 좋은, 적당히 벅찬 도전이라고 느꼈다. 바꿔 말하자면, 때로는 잘 모르더라도 평소에 관심이 갔던 주제나 과거에 시도했지만 잘 풀리지 않아서 상처를 남긴 도전을 의식적으로 선택해 보는 것도 여기에 해당한다. 이왕이면 혼자가 아니라 같은 나침반을 보며 함께 항해할 수 있는 지인들이 있다면 성장의 과정을 덜 외롭게 이어갈 수 있어 더더욱 좋다.

당연히 선택을 거두는 선택도 얼마든지 가능하다. 시작하고서 아니다 싶으면 그만두거나 방향을 틀어보는 것이다. 적어도 그렇게 마음을 먹어야 시작이 조금 더 쉬워진다. 물론 이때 본인 성향에 대한 파악도 필요하겠다. 본인이 안정성을 추구하고 선호하는 걸 모른 채 억지로 새로움의 꽁무니만 좇는 것 또한 건강하지 못한 커리어를 초래한다. 모험의 꿈만 꾸며 본인을 괴롭힐 이유는 없다. 본인이 앞으로 하는 선택이 본인에게 만족스러운지 솔직하게 따져보자. 도전을 앞두고 마음이 끌리지만 망설이는 상태라면 일단 저질러 보길 권한다. 그래야 성공하건 실패하건 더 이상 미련이 남지 않을 수 있다.

거듭 이야기하지만, 처음에는 잘하지 못할 것이다. 인내심을 가지고 시도를 거듭할 때 제대로 성취할 수 있다. 실패해야 그 경험이 나침반이 된다. 그 시작점에서 당장의 손익을 따지느라 이러지도 저러지도 못하고 있지 않나 반추해 보길 바란다. 의미 있는 성장을 위한 일이라면 꾸준히 지속해 복리의 효과를 누릴 수 있다. 설령 초반에 100% 잘 해내지 못하더라도, 작은 손해를 보더라도 빨리 시작해 꾸준함을 유지하는 사람만이 커리어 후반전을 일굴 수 있다. 출발선에 서지 않으면 아무 일도 일어나지 않는다.

## 지치지 않고 새로운 목표 세우기

'시작'이라는 의사결정을 했다. 방향이 정해졌다. 지치지 않고 목표를 이루기 위해서는 상대적으로 쉬운 목표부터 비교적 어려운 목표들을 설정해 분류할 수 있다. 처음에는 작은 스케일로 성취해 보는, '과제' 같은 느낌의 단기 목표부터 격파하다가 다음 단계에서는 레벨업을 위해 필요한 '습관'을 다지는 식으로 순서를 정해 보면 어떨까. 시간이 드는 복리 활동을 지속하는 걸 중장기적인 목표로 두고, 종국에는 내가 선택한 분야에서 인정받는 '사람'이 되는 것으로 무한한 목표를 지향할 수 있다. '어떤 사람이 되겠다'는 목표는 끝이 없는 고민이기에 가장 힘들면서도 장기적으로 일관성을 부여한다는 데서 유의미하다.

예를 들어보자. 커리어 관련 멘토링을 하는 걸 내 커리어의 새로운 선택으로 정했다면 나의 최종 목표는 "커리어에 관해 선한 영향력을 가진 사람"를 세울 수 있다. 하지만 천 리 길도 한 걸음부터다. 일단 그 목표를 지치지 않고 이루기 위해 새로운 작은 과제들부터 정의하고 시도해야 한다. 앞서 3장에서 이야기한 "행동과 몰두와 회고"라는 AIR 루프를 여기서 활용해 볼 수 있다. 규모가 작은 과제로 시작해 과제의 크기를 키워가며 또 다른 과제를 시도한다. 그러면서 성장으로 이어지는 행동을 반복한다. 위 예시를 이어보자면, 처음 시작할 때는 아래와 같은 목표를 잡을 수 있다.

> ─ 커리어 멘토링 관련 유튜브 채널 개설하고 매주 영상을 하나씩 올리기

위 목표를 향해 일단 달려 본다. 매주 회고하면서 단기 목표를 재설정할 수도 있다. 일단 채널을 만들어 매주 영상을 4~6주 연속으로 올렸다면 그 과정에서 깨달은 점을 바탕으로 새로운 목표를 만들어낸다.

> ─ 유튜브 채널 구독자 2천 명 만들기

천 명의 구독자를 만드는 걸 목표로 다시 달리기 출

발선에 선다. 다양한 실험을 하고 이에 따른 결과를 회고하다 보면 또 다른 목표들이 생성된다.

> — 링크드인 등 다른 소셜 채널에 유튜브 영상과 관련된 글을 쓰고 댓글에 해당 유튜브 영상 링크 걸기
> — 멘토링 분야에서 잘 알려진 유튜버들이 어떻게 하는지 벤치마킹하기

이런 형태로 직접 몸으로 과제에 부딪히면서 배운 점을 바탕으로 목표를 조정해 나가는 과정을 반복할 수 있다. 이 목표들의 크기에 맞게 타임라인을 정리해 둔다면 각 목표가 조금 더 선명하게 보인다. 앞서 2개의 목표를 각각 세웠다면 이를 아래와 같이 '이번 달'이나 '올해'와 같이 구체적인 시간 목표와 함께 기록하는 식이다.

> "이번 달 나는 커리어 멘토링 관련 유튜브 채널을 개설하고 4주간 매주 영상을 적어도 하나씩 올린다"

> "올해 나는 내 커리어 관련 유튜브 채널 구독자 2천
> 명을 달성한다"

여기서 한 단계 더 나아가서 목표를 구체화할 수 있다. "유튜브 채널 개설하기"라는 문장을 "프로페셔널한 느낌의 유튜브 채널을 개설하는 것"이라고 구체적으로 발전시킬 수 있다. 조금 더 도전적인 목표로 승화하고 싶다면 "1년 안에 구독자 수 상위 5% 안에 드는, 프로페셔널한 느낌의 유튜브 채널로 개설하는 것"이라고 목표를 변경할 수 있다. 물론 첫 단추부터 너무 거창할 필요는 없다. 어렵지 않은 난이도로 도전해 보는 게 중요하다는 걸 기억하자. 마치 아이들 목욕을 시킬 때 너무 뜨겁지도, 차갑지도 않은 적정한 온도(골디락스 존, Goldilocks zone)를 신경 쓰는 것처럼 새출발을 이어가 보면 어떨까.

각자 지금 커리어 상황에 맞게 다음과 같이 목표 문장을 작성할 수 있다. 예컨대 매니저 승진을 앞둔 갈림길에 있다면 매니저 역할을 시도해 보는 걸 목표로 문장을 채울 수 있다. "올해 나의 가장 큰 목표는

3명의 팀원을 관리하며 팀빌딩에 집중하는 초보 매니저가 되는 것"이라고 명문화하는 식이다. 구체적인 목표와 방향성을 스스로 인지하는 데 유용하다. 혹은 내가 평소에 눈여겨보던 회사에서 이직 제안이 왔을 때 불확실성을 덜어내는 "Two-way Door"로 의사결정을 하기 위해 목표 문장을 작성할 수 있다. "올 상반기 나의 가장 큰 목표는 회사 A와 파트타임으로 일하며 이 회사와 내가 잘 맞는지, 그리고 이 일이 나와 맞는지 확인해 보는 것이다."

본업이 어느 정도 자리 잡힌 후 나의 성장 경험을 외부에 공유해 보고 싶다면 그에 맞는 목표를 문장으로 구체화해 보길 추천한다. 커리어 토크, 멘토링, 소셜미디어 글쓰기 등등 다양한 선택지가 있다. "올해 내 목표 중 하나는 그동안 브랜드 마케팅을 하면서 내가 했던 경험을 매주 한 번씩 링크드인에 글로 남겨서 팔로워 수를 4배 늘려 보는 것이다." 이렇게 현실적이면서도 상세하게 문장을 작성하면서 지치지 않고 꾸준히 새 목표를 세우고 이루는 경험치를 쌓을 수 있다.

목표를 설정했다면 다음으로 장단점을 기록할 차례다. 아무 것도 시도하지 않은 경우와 새로운 목표를 달성하기 위해 노력하는 경우를 비교해 장단점을 적는 것이다. 처음에는 아무래도 이 작업을 하기 어려울 수 있다. 하지만 새로운 경험을 해보는 게 그렇지 않은 경우보다 잠재적으로 장점이 더 크다는 걸 분명히 적을수록 그 목표를 달성하기 위한 구체적인 습관(복리 활동)을 만들기 용이하다. 주간 회고에서 이 장단점을 꼭 되돌아 보면서 '더 잘해내는 방법'을 고민하는 과정을 자연히 체화할 수 있다.

목표를 현실적으로 설정하는 만큼 작고 빠른 실행력을 놓치지 않길 바란다. 개인적으로 유튜브 녹화 환경을 준비하느라 3달이나 소요했다. 이 핑계, 저 핑계를 대며 미뤘다. 그러다가 다른 회사와 화상으로 인터뷰를 하는 일정이 덜컥 잡히면서 하루만에 유튜브 영상을 녹화할 수 있는 세팅을 끝냈던 적이 있다. 아차 싶었다. 사실 '유튜브 채널 개설'이라는 목표를 세웠다면 장비나 환경을 완벽하게 준비하느라 진을 빼기보다는 일단 영상을 찍어서 올리면서 매번 조금씩 개선해 나갔어야 했다.

그러니 목표를 정하고도 정작 이루는 데 어려움을 겪고 있다면 일부러 (강제성 있는) 외부 약속을 만드는 것도 방법이겠다. 게으름을 이겨내고 학습, 행동하는 데 효과적인 수단이다. 결국 일과 삶에서 시간이라는 자원이 가장 소중하다는 걸 잊지 말자. 준비만 하며 분석을 거듭한다고 내 결정이나 결과가 월등히 나아지라는 법은 없다. 밀도 있게 고민하되 계획을 행동으로 옮겨야 목표에 다가갈 수 있다. 때로는 본인이 원하는 대로 발전하지 않으면서 '다른 걸 해야 하나' 의문이 들거나 지칠 수 있다. 굉장히 당연한 감정이다. 정말 영 아니다 싶으면 얼마든지 돌아오면 된다. 후회 없는 삶을 살기 바란다.

## '일상의 행복'을 목표에 포함할 것

후회 없는 삶에는 반드시 '개인 생활의 행복'이 포함된다는 걸 간과해선 안 된다. 종종 커리어에 대해 이야기할 때 일에만 초점을 맞춰 사고하는 경우를 볼 수 있다. 분명 일이 하루 대부분 시간을 차지할 가능성이 높다. 일에 관해 목표를 세우거나 자기계발을 중시하는 자세는 기나긴 삶을 살아가는 데 중요할 것이다. 그러나 역설적으로 이러한 유형의 사람들이 일상의 행복을 놓치면서 커리어 후반기에 삐걱대는, 좌충우돌 끝에 일과 삶의 밸런스를 겨우 찾는 모습을 보이기도 한다. 삶의 리더십을 회복하자는 취지에서 개인 생활의 행복 또한 목표를 세우는 데 꼭 포함할 만한 내용이라고 생각한다.

특히나 자신과 가까운 인간관계를 배제하는 방식은 지속가능성이 떨어진다. 결혼했거나 아이를 낳아 키우고 있거나 연인이 있다면 이들을 빼놓고 당신의 삶을 논하기 어려울 터. 그들 없이 커리어에만 집중하기는 쉽지 않다. 부모님, 형제자매 등 가족과의 삶

또한 당연히 일에 영향을 주기 마련이다. 어떻게 이들과 건강한 관계를 유지할 수 있는지가 기나긴 커리어에서 무시 못할 요소다. 커리어 멘토링을 할 때마다 이에 관한 고민이 단골로 등장하는데, 그러다 보니 나 또한 이 문제에 대해 고민하며 나름의 해법을 찾고 있다.

무조건 물리적으로 시간을 많이 보내는 것만이 친밀한 관계를, 그로부터 비롯되는 일상의 행복을 가져오진 않는다. 도리어 가까운 사이여도 대화의 어려움을 겪기에 십상이다. 예컨대 너무 가깝다 보니 오히려 필터링하지 않고 말한다. 사회생활에서는 절대 하지 않을 말실수를 가족이나 연인, 절친한 지인에게 한다. 본의 아니게 직설적인 말로 상처를 준다. 그래서 피드백을 포함한 영향력, 커뮤니케이션에 대한 연습은 단지 일을 위함만이 아니다. 일을 포함한 생애 전반의 만족도를 높이기 위해 목표를 세우고 단련할 법한 덕목이라 할 수 있겠다. (어려운 대화에 관해서는 바로 다음 섹션에서 소개하겠다.)

또한 개인 생활 속 인간관계로 말미암아 일의 의

미를 재정의하고, 그러면서 행복을 되찾을 수도 있다는 점을 짚고 싶다. 특히 아이를 얻으면 육아 부담이 생긴다. 아무래도 전처럼 일하기는 쉽지 않다. 그러나 이 시기는 일에 대해 낙담하거나 자책할 때가 아니다. '왜 일하는가'의 의미를 회고할 타이밍이다. 기나긴 커리어 여정이 정글짐이자 애자일이라는 걸 떠올려 보면 부부간에 과업을 분담하는, 조금은 천천히 성장하는 단계라는 걸 받아들이는 지혜가 필요하다. 어차피 살아가며 수많은 경력단절, 휴지기와 시작점을 마주할 우리다. 한창 육아에 힘을 쏟을 때야말로 일의 의미를 새로이 판단할 적기라 할 수 있다.

　마지막으로, 장기적인 관점에서 일상의 행복을 챙기며 커리어 후반전을 준비하라고 권하고 싶다. 아이가 커가며 자연스레 양육의 부담은 조금씩 줄어든다. 나중에는 자식이 장성해 자립하는 시점이 온다. 커리어 후반기에 접어드는 길목과 겹치는 지점이다. 가족을 충분히 챙기며 개인 생활에서 건강함과 행복함을 충전했고, 여전히 힘껏 움직이며 일할 수 있는 나이대다. 청춘 아닌 청춘이 예비돼 있다고 볼 수 있다. 그러니 (또 다른 의미로) 나이에 대한 조급함에 갇히지 말고 건강하고 행복한 몸과 마음을 만들어 두길 권장한다. 그래야 커리어 후반전을 대비할 수 있다.

스스로 질문해 보자. 나는 일과 삶의 목표를 세우고 실행하며 충분히 뒤돌아보고 있는가. 일에 관해서는 철두철미하면서 정작 일이 삶과 분리돼 있다고 착각하고 있진 않은가. 허나 일이 주는 보람과 성취는 삶 전반의 균형감 없이 성립할 수 없다. 이를 위해서는 일의 의미를 재고하고, 그 의미를 재정립해 주는 일상의 행복을 재조명해야 한다. 곁에 있는 소중한 사람들과 매일, 매달, 매년 성장하며 새출발을 하고 있음을 마음에 새기면 어떨까. 나 자신을 향한 당부이기도 하다. 삶의 리더십을 일에 한정 짓지 않는, 성숙한 어른을 지향하자.

## 어려운 대화의 달인이 되자

일과 삶의 지속가능성을 높이는 '어려운 대화'에 대해 좀 더 이야기해 보겠다. 나이가 들수록 힘든 상황과 맞부딪칠 확률이 올라간다. 대체로 타인과의 관계가 야기하는 난관이다. 나와 상대방의 생각이 다를 때 어떻게 이를 조율하느냐가 관건이라 할 수 있겠다. 예시는 무궁무진하다. 동료와 함께 프로젝트를 진행하면서 결과물에 대한 평가가 다르거나, 내 일의 성과를 내 매니저가 제대로 이해하지 못하거나, 팀원에게 일을 맡겼는데 결과물이 마음에 안 들거나.

이러한 불편하고 어려운 상황에 필요한 대화는 일뿐만 아니라 개인의 삶에도 굉장히 중요하다. 결혼을 했다면 배우자와의 관계가 커리어에 직접적인 영향을 끼친다. 반대로 커리어 상황이 결혼 생활에 영향을 미친다. 개인 생활에서 배우자, 자식들, 부모님, 형제자매와 어떻게 대화하느냐가 여러모로 양쪽에 여파를 준다고 볼 수 있다. 그러니 내 삶과 커리어의 행복을 위해서는 어려운 대화의 달인이 돼야 한다. 어려운 대화를 내재화해서 삶의 리더십을 익힌다면 의미 있는 변화를 경험할 것이다.

의사 소통 능력은 타고나는 게 아니라 의식적인 노력과 연습을 요구하는 기술이다. 이 기술을 연마하는 데 『결정적 순간의 대화』(Crucial Conversations)란 책이 구세주와 같았다. 거기서 배운 내용들을 바탕으로 내가 개인적으로 실수하며 만들어낸 나만의 방법을 정리해 보려 한다.[12]

남을 바꿀 수 없다는 점을 명시해야겠다. "나"를 바꾸는 훈련이 출발점이다. 상대를 말이 안 통하는 나쁜 사람, 나는 선한 의도를 가진 억울한 사람이라 여기며 내가 할 수 있는 일이 없다고 단정하는 순간 대화는 끊어진다. 피상적인, 무의미하게 겉도는 대화로 그친다. 보통 좋은 사이를 유지하기 위해 속마음을 꺼내면 안 된다고 믿는데, 나뿐만 아니라 상대에게도 솔직함이 유익하다. 둘의 관계를 건강하게 유지하려는 마음으로 대화한다면 좋은 사이로 지내며 때로는 내가 전하고픈 어려운 이야기도 꺼낼 수 있다.

[12] 조셉 그레니 외, 『결정적 순간의 대화』, 김영사, 2023.09.01.

또한 어려운 화두를 빨리 꺼내는 것도 중요하다. 시간이 지날수록 감정은 악화하기 마련이다. 최대한 신속하게 어려운 대화를 시작하기로 결심했다면 다음 단계로는 본인이 하고 싶은 이야기가 무엇인지 분명히 밝히는 작업이 뒤따른다. 그 목적은 건강해야 한다. 그저 내가 옳고 당신이 틀렸다는 걸 증명하려는 목적이라면 그 대화가 잘 풀릴 리 만무하다. 어려운 대화는 공동의 선을 위해 이뤄져야 한다.

이처럼 상호 존중이 보장돼야 대화 시 이야기를 듣는 상대방이 안전함을 느낄 수 있다. 그래야 대화에 마음을 열고 적극적으로 참여할 수 있다. 만약 상대가 안전함을 못 느낀다면 어떤 행동을 보일까. 보통 감정적으로 반응하면서 아무 말도 안 하거나(침묵, Silence) 공격적으로 응답하면서(폭력, Violence) 다른 주제로 도망갈 태세를 취한다. 대화 중에 상대가 말이 없어지거나 공격적으로 변했다면 이야기를 억지로 잇기보다는 잠깐 중단하고서 본인의 의도를 다시 명시하자.

이때 내 의도가 아닌 것부터 먼저 짚고서 내 의도

를 명확히 밝히는 순서를 권한다. 책에서는 "대조하기"(Contrasting)라는 기술로 표현한다. 불필요하게 오해를 샀다는 생각이 든다면 "미안하다"는 말을 건네는 것도 좋은 방법이다. 잠깐 쉬었다가 대화를 재개하는 방법도 있다. 상대방 뿐 아니라 내 감정도 관찰해 보자. 내가 감정적일 때 어떤 반응(ex: 말을 멈추는지, 공격적으로 이야기하는지, 쉬운 주제로 말을 돌리는지 등)을 보이는지 살피는 것이다. 본인 성향을 알고 있다면 어려운 대화를 풀어가는 데 힌트를 얻을 수 있다.

어려운 대화에서는 듣는 자세도 중요하다. 상대의 이야기를 호기심과 인내심을 갖고 잘 들어야 한다. 상대편이 나쁘다는 식은 곤란하다. 나 또한 문제 상황에 일조했으며 상대방에게 나름의 이성적인 이유가 있다고 판단해야 옳다. 개인적으로도 오래 커리어를 이어오며 내 관점에서 희한하거나 이상한 사람들을 마주하고 했는데, 대화해 보니 그 행동을 이해하게 된 경우도 더러 있었다. 이러한 경험 덕분에 이후에는 내 기준에서 특이한 사람처럼 보이더라도 '틀렸다'고 치부하기보다는 이해하려 노력하는 사람이 됐다.

마지막으로, 지금까지 이어온 어려운 대화가 문제 해결을 위한 시도였다면 특히 '문제 재발 방지'를 신경 써야 한다. 정작 대화해 놓고서도 앞으로 어떤 행동을 할지, 어떤 변화를 만들지 논의하고 합의하지 않는다면 시간 낭비로 끝날 우려가 있다. 이러한 합의가 실제로 이행되고 있는지 확인하지 않는다면 문제 재발을 피하기 어렵다. 오해를 막고 상황을 개선하는, 결과를 내는 대화로 마무리 지어야 진정 '어려운 대화'의 경력직이라 할 수 있겠다.

이러한 대화 유형을 평소에 주변과 연습하긴 쉽지 않다. 그래서 (3장에서 소개한 것처럼) 챗GPT와 같은 대화형 AI를 활용할 수 있다. 대화 상대를 설정하고서 오늘의 어려운 대화는 어떤 주제인지, 상황은 어떤지, 상대방은 어떤 상태인 것 같은지 등을 세팅할 수 있다. 그러면 인공지능이 역할극을 시작한다. 시뮬레이션을 통해 상황을 객관화하고 전반적인 이해도를 높이는 데 쓸모가 있다. 의도적인 연습을 습관으로 만들어 커리어뿐 아니라 가족, 연인, 친구 관계까지 건강하게 만들어 보면 어떨까. 일상이 윤택할 때 일도 잘 풀릴 수 있다. '어려운 대화'를 해본 경험이 삶의 든든한 밑거름이 돼 줄 것이다.


## 몸과 마음의 건강 챙기기

100세 시대의 반대급부로 최근 들어 '가속 노화'의 문제도 심각해졌다고 한다. 미리 건강한 몸을 만드는 데 관심을 두지 않다가 나중에 나이가 들어 오랫동안 고생하며 여생을 보낸다는 쓴소리다. 나 또한 이 문제를 꽤 중요하게 보고, 습관이나 삶의 목표에 '건강'을 구체적으로 명시하는 편이다. 장수한다 해도 몸이 건강하지 않다면 삶의 질은 떨어질 수밖에 없다. 특히나 커리어와 개인의 성장에 관심이 있다면 이를 지탱해 주는 건강에도 주목해 봄 직하다.

건강은 신체에만 국한하지 않는다. 마음의 건강을 유지하는 것도 몸의 건강을 지키는 것만큼 중요하다. 이때 마음의 건강은 정신적인 건강을 챙기는 것뿐 아니라 마음의 '젊음'을 가꾸는 것도 아우른다. 말

그대로 건강하고 활기찬 마음 상태를 유지할 수 있도록 나 자신을 챙겨야 한다는 뜻이다. 이른 나이부터 운동해 신체 건강을 챙기는 것처럼 마음 또한 복리의 효과를 누리기 위해 미리, 꾸준히 관리해야 한다. 아래는 내가 몸과 마음의 건강을 챙기며 일과 삶의 긴 여정을 가는 데 보탬이 된 복리 활동들이다.

## 1. 나만의 규칙적인 운동을 찾아서 습관으로 정착하기

나는 소위 '헬스장 운동'을 잘 못하는 사람이다. 그렇다 보니 10~15분이라도 햇볕을 쬐며 몸을 움직이는 산책을 즐긴다. 운동과 친해지는 좋은 출발점이라고 생각한다. 상대적으로 늦게 만든 버릇이다.

가족과의 관계를 돈독하게 하는 데도 걷기 운동이 긍정적으로 작용했다. 팬데믹 이후로는 외출이 줄어들면서 아내와 산책하는 습관이 생겼다. 걸으며 다양한 이야기를 나누는 게 일상의 행복을 배로 높여줬다. (배우자가 최고의 친구가 아닌가 싶다.)

산책에서 한 단계 더 나아가 꾸준히 할 수 있는 다른 운동을 습관으로 만들어 보면 좋을 듯하다. 이 부분에 대해서는 나 또한 고전을 겪었지만, 운동에 진심인 가족들 덕에 조금씩 운동하는 버릇을 들이고 있어 다행이라고 생각한다. 일의 특성상 책상에 오래 앉아 일하는 편이라면 특히 스트레칭을 자주 하는 사소한 습관을 쌓길 바란다. 어깨의 가동성을 높여주는 데 효과적이다.

## 2. 남과 나를 비교하는 횟수 줄이기

소셜미디어에는 분명 순기능도 있지만, 왠지 모르게 남과 나 자신을 비교하며 조바심이 드는 부작용이 생기기도 한다. 이것이 마음의 노화로 이어져 강박관념마저 생긴다면 큰일이다. 내가 가진 시간이 유한하다는 걸 유념하며 내 마음의 에너지를 아껴야 한다. 의식적으로라도 '무엇을 하지 않을까'를 명확히 정의하면 어떨까. 남과 나를 비교하는 것 또한 '무엇을 하지 않을까'의 범주에 속한다. 마음의 젊음을 유지하며 지속가능성, 회복탄력성을 높이는 데 꼭 필요한 마음가짐이라 볼 수 있다.

### 3. 과거의 상처를 인지하고 치유하기

책 전반부에서 언급했지만 한 번 더 강조해 본다. 일과 삶이라는 주제에도 빼놓을 수 없는 키워드가 바로 '치유'라고 생각한다. 특히나 커리어가 길게 연결될수록 다양한 상처가 내 안에 축적될 수밖에 없다. 내면에 상처가 있다는 걸 인지하면서 이를 자주 치유하는 시간을 가져보자. 감기에 걸리면 병원에 가듯이 마음의 건강과 젊음을 위해 시간을 할애하는 것이다. 내 경험을 어떻게 바라볼지, 그 마음 상태를 틈틈이 점검해야 기나긴 여정을 걸어갈 수 있다고 믿는다. 상처가 쌓이기만 한다면 몸도, 마음도 고장 나는 게 일반적이다.

### 4. 나를 사랑하기

커리어 후반전에 접어들면서 특히나 '나를 사랑하는 것'(Love yourself)의 가치를 재발견했다. 입바른 말이 아니라 진심으로 나 자신을 사랑할 줄 아는 사람이라야 오래간다. 그런 사람이 나 자신을 위해 운동하며 몸을 챙기고, 과거의 상처를 다독이며 회복의 역사를 쓴다. 남과 나를 비교하려 하다가도 스스로 돌이킬 수 있다.

나를 사랑할 때 비로소 자신의 부족함만 책망하며 불
만을 느끼는 자세를 넘어서 불완전함을 인정하는, 점
진적으로 발전하는 선택을 한다. 궁극적으로 나를 있
는 그대로 받아들이며 마음의 젊음을 지키지 않겠나.
가끔은 (낯간지럽더라도) 과거의 나를 향해 '그동안 수고
했다'고 위로하는 어른이 되자.


## 번아웃을 대하는 우리의 자세

거의 30년간 일하다 보니 개인적으로도 간혹 정신
적으로, 육체적으로 번아웃이 왔다. 세계보건기구
(WHO) 정의에 따르면 번아웃(Burnout)이란 "직장에서
받는 만성적인 스트레스를 제대로 해소하지 못함으
로 인해 발생하는 증후군"이다. 피로감, 업무에 대한
정신적 거리감, 업무 수행 능력 저하가 대표적인 요
소다. 이러한 번아웃을 어떻게 해결할지 묻는 질문도
멘토링에서 자주 받는다. 참 쉽지 않은 문제인데, 일
단 앞서 소개한 "몸과 마음의 건강 챙기기"가 1순위

다. 현명하게 번아웃을 대해야 하는 동시대의 사람으로서 내가 시도해 봤던 일상을 나열해 보자면 다음과 같다.

바쁠수록, 스트레스를 받을수록 의식적으로 조금은 느리게 행동하고 생각하고 말하는 데 집중했다. 일부러 속도를 늦추면 일과 삶의 우선순위를 더 명확하게 재고할 수 있다. 덕분에 여유를 되찾는다. 의사결정을 내릴 때, 업무 생산성을 높일 때 효험이 있었다. 덩달아 같이 일하는 사람들도 함께 덜 서두르게 된다면 이 또한 이점이라 할 수 있겠다.

가장 의도적으로 속도를 늦출 수 있는 일상의 행동은 '식사'다. 개인적으로 내가 왠지 허둥지둥 서두른다는 생각이 들면 식사할 때부터 (보통은 빨리 먹는 편이지만) 의식적으로 천천히 움직인다. 번아웃이 느껴질 때 갑자기 완전히 일을 중단하기보다는 차차 페이스를 줄여 보면 어떨까. 전력 질주하느라 내 몸과 마음을 포함해 주변을 볼 여력이 없었다면 천천히, 느리게, 의도적으로 움직이면서 내 몸과 마음의 소리에 귀 기울일 수 있다.

질문을 기반으로 한 회고는 번아웃에 대처하는 데도 제값을 한다. 내가 맡은 업무를 돌이켜 보면서 가장 중요한 것, 내가 컨트롤할 수 있는 것 위주로 해결한다. 우선순위를 정리한다는 뜻이다. 본래 내가 안고 있던 거대한 업무 덩어리에는 분명 (동일하게 중요해서 오래 고민해 왔지만) 당장 조정할 수 없는 일이 포함돼 있을 것이다. 그다지 중요하지 않은데 감정 소모가 생기는 일도 껴있다. 이를 의식적으로 마음에서 지우면서 스트레스와 슬기롭게 공존하려는 노력을 취할 수 있다. 당연히 이 방법을 체득하는 데 시간이 걸린다. 완벽히 컨트롤하는 건 불가능하다. 그러나 노력한 만큼 여러 문제를 다루는 요령도 는다. 이러한 슬기로운 공존이 긴 커리어에서 번아웃에 대처하는 꽤 중요한 스킬이라고 생각한다.

혹시 팀을 리드하면서 업무 과중과 스트레스로 고생하고 있다면 이렇게 회고 포인트를 잡아 볼 수 있다. '혹시 내가 팀원이 맡아서 해야 할 몫까지 하고 있지는 않나?' 이 부분을 체크해 보면 어떨까. 만일 그렇다면 다음과 같은 수순으로 번아웃의 문턱에 다다른 맥락을 진맥해야 한다. 팀원에 대한 신뢰가 부족해서 업무를 제대로 위임하지 못 한 것인지, 아니면 관성으로 인해 그냥 내가 업무를 처리하고 있던 것인지. 여러 이유를 되짚으며 해결책을 마련해 마음의 짐을 덜 수 있다.

번아웃으로 인해 진퇴양난을 겪고 있다면 가장 단순하고도 확실한 방법을 시도해 볼 수 있다. 나의 번아웃 문제를 내가 믿는 동료, 매니저, 주변 사람들에게 털어놓으면서 탈출구를 만드는 것이다. 이렇게 편하게 화두를 꺼내는 것만으로도 해방감을 맛볼 수 있다. 혹은 "그만두면 된다"고 되뇌는 방법을 써먹을 수 있다. 한 창업자분이 알려준 팁이었는데, 내가 버티기 힘들 때도 여전히 '선택할 수 있는 행동이 남아있다'는 여지를 두기 위해 "그만두면 된다"고 혼잣말을 하는 것이다. 나 또한 실제로도 그만두는 옵션이 있다는 걸 잊지 않고, 상상하며 마음을 다스리곤 했다.

마지막으로 (특히 직장인의 경우) 딱히 배우는 것도 없는데 견디긴 힘든 환경이라면 진지하게 '내게 맞는 곳인지' 자문해 봐야 한다. 커리어를 장기전으로 봤을 때 내게 맞는 환경을 찾는 게 중요하다. 좋은 매니 저와 동료를 만나 일하는 경험이 자양분이 된다. 이 미 경력이 있다면 본인이 어떤 환경에서 재밌게 일했 는지, 자신에게 맞는 매니저는 어떤 사람이었는지 상 기해 보자. 혹은 과거의 성공방정식에 빠져 새로운 환경에서 방황을 자초하고 있진 않은지 스스로 질문 을 던져 보길 권한다.

커리어 여정에서 번아웃은 자주 마주치는 동반자 같다. 워낙 사회 생활이 길어지니 육체적으로나 정신 적으로 힘든 상태에 자주 돌입한다. 허나 훌륭한 사 람들과 함께 배우며 성장하는 과정에서 번아웃의 징 후를 포착한 것이라면 운이 좋은 건지도 모른다. 무 작정 상황을 피하기보다는 나름대로 번아웃 신호를 파악하면서 탈진 상태를 예방하는 방안을 마련해 시 도해 보는 게 최선이 아닐까 싶다. 커리어의 고락을 이어가되 수렁에 빠져 내게 주어진 운마저 모두 포 기해 버리고 싶은 상태만은 피하자. 번아웃에 빠지지 않도록 나 자신을 돌보며 건강하게 일과 삶을 영위하 기를 응원한다.

## 멀리 가려면 함께 가라

이처럼 목표 설정을 하면서도 번아웃에 주의할 때 삶의 지속가능성을 고민하게 된다. 용두사미가 되지 않으려면 지속적으로 노력을 기울어야 하는데, 본인의 동기부여만을 믿을 수 없다. 나 자신을 있는 그대로 수용하면서 몸과 마음을 챙기는, 장기적으로 번아웃을 다스리며 나아가는 라이프스타일을 정착해야 한다. 목표에 차근차근 다가가는 습관으로 만들어야 한다.

만약 내 주변에 같은 목표를 가진 사람들이 있다면 목표를 이루는 데 필요한 행동을 습관화하기 수월하다. 꼭 새로운 시작이 아니어도 같이 가는 사람이 있다는 건 여러모로 기운 나는 일이다. (유래가 불분명하지만) "빨리 가려면 혼자 가고, 멀리 가려면 함께 가라"라는 속담도 있다. 결국 새로운 길, 머나먼 모험을 가려면 같이 할 동료, 동행을 찾아야 한다. 달리 말하자면, 나와 발 맞춰 나아갈 커뮤니티를 만드는 것이다.

함께 고민하는, 힘들 때 힘이 돼 주는 동지가 있다

는 것은 그 사실 자체만으로도 엄청난 행운이다. 그래서 스타트업 투자자들도 공동창업자가 있는 회사를 선호하는 경우가 많다. 서로 의지하며 역경을 헤쳐 나갈 수 있기 때문이다. 커리어 전환 같이 거창한 새출발에만 동료가 필요한 게 아니다. 새로운 걸 배우고 싶을 때도 같이 공부할 사람이 있을 때 학습 효과가 더 커질 수 있다. 동지와의 약속을 지키기 위해 학습을 게을리 할 수 없고, 타인을 통해 다른 관점을 접할 수 있기 때문이다.

그렇다면 어떻게 '함께 갈 사람'을 모아 커뮤니티를 형성할 수 있을까. 이미 구축돼 있는 커뮤니티나 네트워크에 참여하는 방법도 있겠지만, 내가 커뮤니티를 만들어 보는 경험도 특별하다. 내가 배운 교훈이나 경험을 뒤따라 오는 사람들과 공유하면서 선한 영향력을 형성하는 식으로 커뮤니티를 시작할 수 있다. 내가 먼저 베풀면서 커뮤니티 형성의 구심점을 마련하는 식이다.

물론 이렇게 조언할 때마다 '무슨 소득이 있길래 그런 활동을 하느냐' '내가 그 정도로 지식이나 경력이 있는지 모르겠다'고 반문하는 사람들도 적잖다. 허나 이렇게 배움을 나누면서 본인이 가장 많이 성장할 수 있다는 점만은 확실하다. 나의 경우 앞서 소개했던 심플스텝스에서 재취업을 원하는 여성분들을 가르치면서, 데이터 엔지니어링 강의를 하며 상당히 성장할 수 있었다. 이런 과정을 거쳐 취업에 성공하거나 본인이 원하던 바를 성취하는 일원들을 보며 내가 느낀 희열은 형언할 수 없는 기쁨이었다.

조직에서 일할 때도 마찬가지라고 본다. 혼자서만 잘하고 인정받으려 하지 말고, 주변을 챙기면서 같이 인정받고 성장하려는 자세가 본인을 차별화하는 전략이 될 수 있다. 이것이야말로 팀 플레이어의 행동 양식이다. 좋은 평판의 지름길이다. 이를 바탕으로 같이 일하고 싶은 동료, 리더가 된다면 주변의 도움을 받아 생각지 못한 기회의 문을 열 수 있다. 목표를 세우고 차차 이루면서 일과 삶의 균형을 맞추는 데 "멀리 가려면 함께 가라"는 격언이 자로 잰 듯 딱 들어맞는다고 생각한다.

나이가 들수록 남을 도우며 영향력을 펼쳐야 한다

고 강조했다. 커리어뿐 아니라 인생 전반에 걸쳐 가슴에 새길 만한 가치다. 내가 성장하기 위해서도, 지속가능성과 회복탄력성을 강화하기 위해서도, 목표를 구체화해 이루고자 노력할 때도 타인을 진심으로 위하며 선의의 커뮤니티를 형성하는 성의를 잃지 말기 바란다. 베푸는 삶을 살자.(Sharing is caring) 커리어 전반에 걸쳐 그 덕을 본다고 믿는다. 장기적으로 일과 삶의 후반전에서 내가 남을 도운 만큼 남들도 나를 돕는다. 당연한 이치다.

## 기나긴 커리어를 앞둔 당신에게

기대수명을 따라 길어진 커리어 시계. 우리에게 주어진 시간이 늘어나고 있다. 하지만 몸과 마음이 건강하지 않다면 내게 남은 시간을 제대로 활용할 수 없다. 매일 잠깐이라도 운동하고 스트레칭하는 습관, 회고나 명상 등을 통해 마음을 정화하는 습관이 꼭 필요하다. 그래야 지치지 않고 새로운 목표를 세우면서 본인이 지향하는 인간상에 다가갈 수 있다. 장단기적으로 구체적인 목표 문장 적기, 신체 건강과 마음의 젊은 챙기기 등의 방법이 인생의 남은 30년을 즐겁게 일하는 비결이 아닐까. 커리어에서 피할 수 없는 번아웃을 막는 데 가장 유력한 방법이라 할 수 있겠다.

개인 삶과 커리어를 두 개로 양분해 살 수 없다는 점을 명심하자. 커리어 뿐만 아니라 개인 생활을 원활하게 이어가려면 (때로는 피하고 싶은) 어려운 대화를 잘 해내는 기술을 익혀야 한다. 대화를 성공으로 이끈 경험이 일과 삶에 큰 도움이 될 것이다. 결혼했다면 배우자와 좋은 관계를 유지하는 데, 일상에서 발생하는 다양한 이견을 줄이는 데 어려운 대화의 기술이 필수다. 이는 타고난 재능이 아니라 부단하고도 의식적인 노력의 산물이다. 지속가능한 성장에 시행착오는 불가피하다. (기쁜 일이다.)

시간이라는 자원이 한정 없이 남아있는 게 아니다. 선택과 집중이 갈수록 중요해진다. 무엇을 할지만 정하지 말고, 무엇을 안 할지도 같이 명확하게 결정해

보면 어떨까. 지금 유행하는 일, 부캐 등등 모든 걸 내가 다 해볼 수는 없다. 그러므로 "아니요"(No)와 친해져야 한다. 일단은 현재 세운 우선순위에 집중하면서 장기적인 사고를 갖추는 게 가장 효율적이다. 커리어 후반전에 어떤 기회가 나타날지 기대해 볼 수 있다. 일단 지금 내가 선 자리에서 좋은 평판과 영향력을 얻고자 노력해 보자. 어디에 가건 인적 자본을 가진 사람이라고 인정받을 수 있다면 생각보다 다양한 새출발의 계기를 마주한다.

현재에 집중하며 인정받는 것, 가끔은 내려놓을 줄 아는 것. 여기에 더해 지속가능한 성장의 기본기로 융통성을 꼽을 수 있다. 고인 물은 썩는다는 격언처럼 변화 없이 한군데 너무 오래 있으면 성장이 멈춘다. 마음을 이끄는 새로운 기회가 생기거나 변화를 만들어야 한다는 판단이 든다면 환경을 바꾸는 용기를 발휘해 보자. 이 관점에서 기억해야 할 포인트는 너무 계산하지 않는 것. 완벽을 기하지 말고 빨리 시작해야 한다. 하룻밤 성공을 노리지 않는 인내심, 일관성이 요구된다. 생각에만 머무르며 시작하지 않는다면 아무런 일도 생기지 않는다. 앞단의 실수를 교훈으로 받아들이는 마인드셋이 필요하다.

마지막으로 혼자 가려고 하기보다는 함께 가려는 자세로 커리어의 지속가능성을 도모하길 바란다. 비록 내 배움과 경험이 하찮다고 느껴질 수도 있지만, 그걸 주변에 공유하며 도움이 되고자 하는 자세가 커뮤니티로, 리더십으로, 의미 있는 커리어로 연결된다. 특히 나 자신을 사랑하며 내 뒤에 오는 사람들을 위한 롤모델이 되는 마음으로 내 일과 삶에 정성을 다하길 권한다. 실패가 나침반이 될 수 있는 이유도 결국 기나긴 생에 얼마든지 다시 일어설 수 있기 때문이다. 이왕지사 먼 길을 함께 걸어가며 나다움을 찾기를 기원한다.

# 에필로그: Joy of Missing Out

또다시 회사를 그만두었다. 50대 중반의 나이에 불안함이 없다고 하면 거짓말이겠지만, 그간 내가 시간을 두고 쌓아놓은 평판과 영향력이 새로운 시작의 밑바탕이 되리라 믿는다. 1인 기업을 운영하며, 지난 30년간 해왔던 일을 집필과 강의, 멘토링이란 형태로 정리해 보려 한다. 새로운 일과 삶의 서막을 열고 있는 셈이다.

아직 내 앞에 건강하게 일할 수 있는 시간이 최소 20년쯤 남아있다. 그러니 또다시 긴 호흡으로, 서두르지 않고 나아가고자 한다. 틈틈이 아내와 같이 여행도 다니면서 (그동안 그랬던 것처럼) 새로운 출발선에 서서 목표를 세우고, 행동하고, 몰두하고, 회고하는 복리 활동을 이어갈 생각이다. 내 작은 일상이 커리어에 대해 고민하는 다른 분들께도 참고가 되기를 기도해 본다.

삶은 선택의 연속이다. 때로는 무엇인가를 놓치는 것에 대한 두려움, 즉 'FOMO'(Fear Of Missing Out)가 나를 괴롭힐 때도 있었다. 그러나 본인이 뒤처진다는 생각보다는 뒤처짐을 즐기는 'JOMO'(Joy Of Missing Out)의 마인드셋을 가지면서 역설적으로 나만의 길을 걸을 수 있었다. 때로는 내려놓을 줄 알아야 한다. JOMO는 나다움을 잃지 않고 일과 삶을 꾸려나가는 데 도움이 되는 관점이라 할 수 있다.

이 책을 쓰며 새삼 50대에 내가 새로운 시작을 할 수 있는 마음가짐과 주변 환경이 있다는 걸 감사할 수 있었다. 그만큼 내가 나다움을 잃지 않고 일과 삶을 꾸려 나갈 수 있다는 의미니까. 이러한 선택을 할 수 있도록 물심양면 도와주는 주변 사람들, 이제는 나를 커리어의 중심추로 두겠다는 생각의 전환에 더해 다양성을 존중하는 사회적인 인식이 주요했다고 생각한다. 더 많은 이들이 나이에 얽매이지 않고 본인이 원하는 바를 찾고, 원하는 길로 걸어가는 데 우리 모두의 관심이 필요한 이유다. 실패를 성공과 행복을 위한 디딤돌이자 나침반으로 이해하고, 실제로 그러할 수 있도록 지원하는 사회가 되길 희망한다.

물론 나다움을 안다는 건 참 어려운 일이다. 도리어 나이가 들수록 쉽지 않다는 걸 실감했다. 그럼에도 기나긴 커리어 시계를 쥐고, AI와 같은 기술 발전으로 인해 불확정성이 커진 세계에서 더 늦기 전에 나다움이라는 무게중심을 찾길 바란다. 이를 위해서는 잘 듣고, 질문하는 자세가 중요하다. 이를 장려하는 세상이 돼야 한다고 믿는다. 질문과 회고와 다양성을 포용하는 방향으로 교육이, 사회가 변화하리라 기대한다. 우리가 모두 관심을 갖고 노력해야 이룰 수 있는 목표라고 생각한다. 결국 함께 가야 오래 의미 있게 성장하는 것처럼.

마지막으로, 나다움을 찾아 나에게 집중한다는 문장의 의미는 나 자신을 수용하고 사랑하는 삶의 태도와 무관하지 않다는 점을 짚는다. 적극적으로 질문하고, 꾸준히 회고하며 감사한 마음으로 한 발 한 발 발전해 나가는 데 이만큼 중요한 가치가 있을까. 불완전한 나를 받아들이고 사랑하는 것이 (비록 시간이 걸릴지라도) 더 행복하게 사는, 다양한 경험을 하며 성취하는 커리어를 만드는 왕도다. 긴 호흡으로 살아가기 위해 호흡의 주인인 나 자신을 주인으로 인정할 때다. 그 변화를 오늘부터 만들어 보자. 당신 삶의 리더십이 회복되는 순간이 머지않았다. Love yourself!

**실패는 나침반이다**
50대 개발자의 실리콘밸리 회고록

**초판 1쇄 발행**    2024년 2월 28일
**초판 3쇄 발행**    2024년 3월 27일

**지은이** 한기용

| | | |
|---|---|---|
| **발행처** | **발행인** | **등록** |
| 이오스튜디오 | 김태용 | 2024년 1월 8일 |
| | | 제2024-000010호 |

**주소**
서울특별시 강남구 논현로167길 12,
지하 1층 (신사동, 송전빌딩)

**이메일**
partner@eoeoeo.net

| | | |
|---|---|---|
| **책임편집** | **운영** | **디자인** |
| 김지윤 | 안서현 | abb 스튜디오 |